세살 네살
넛지육아

세 살 네 살
넛지 육아

뇌 과학자 아빠의
기발한 육아 전략

알바로 빌바오
(신경심리학자/정신과의사) 지음

천문장

부모님과 형제들, 사촌들과 함께 웃으면서
뛰어놀고 있을 트리스탄을 생각하며…

감사드립니다

부모님과 장인 장모님 네 분께, 부모로서 저희에게 베푼, 그리고 이젠 손주들에게까지 사랑을 이어주신 노고에 감사를 전하고 싶습니다. 아이를 양육하는 데 가장 절실하게 필요한 가족이 되어준 할아버지와 할머니, 삼촌, 형님과 형수, 그리고 사촌 형제 모두에게 감사의 말을 드립니다.

아이들의 발전을 위해 끊임없이 노력하시는 세상 모든 선생님들께 진심 어린 감사와 고마운 마음을 빼놓고 싶지 않습니다. 지금 이 순간 우리 사회의 가장 중요한 보석이며 미래일 수밖에 없는 아이들을 돌보는 선생님들의 노고는 더할 나위 없이 소중한 것이지요. 부모들이 갈팡질팡할 때 선생님들은 당신들의 경험을 바탕으로 아이들 각자에게 최적의 방법이 무엇인지 찾아냈으며, 부모가 미처 가보지 못한 미지의 세상에 대해 아이들에게 배우고 싶다는 욕망을 불러일으켜 주었습니다. 그리고 부모님 대신 기꺼이 부드러운 인내로 아이들을 포근히 안아주시는 분들입니다.

특별히 우리 아들의 선생님이신, 아마야, 안나 벨렌, 헤수스, 소니아 선생님과, 그리고 가장 최근에 저에게 가르침을 주신 로사, 마릴리, 하비에르 선생님께 감사드립니다.

물론 제 아내 팔로마와 너무나 사랑스러운 세 아들딸—디에고, 레이레, 루시아—에게도 감사의 말을 전합니다. 특히나 막내는 이 책을 막 완성할 때쯤 태어나 큰 기쁨이 되었습니다. 평생 인간의 뇌에 대해 공부해왔지만 이 네 사람이야말로 내 모든 지식의 원천이며, 아이들의 두뇌가 보여주는 신비의 세계에 대해 내가 배운 모든 것을 증명해준 사람이었습니다.

알바로 빌바오

차례

머리말
: 0~6세, 아이 인생의 골든 타임

일생에서 가장 중요한 시기는, 모든 것이 시작되는
출생부터 6세까지다.

마리아 몬테소리

일생을 통틀어 가장 중요한 시기는, 뇌가 만들어지는 출생부터 6
세까지이다. 한 번 지나가면 다시는 기회가 없는, 말 그대로 골든
타임. 아이의 모든 가능성이 만들어지는 이 때, 부모의 현명하고
적절한 도움이 꼭 필요하다. 부모가 해줄 수 있는 일이 얼마나 많
은지 확인해보시라. 지금부터 나는 신경심리학자로서, 또 세 아이
를 키우는 아버지로서 뇌와 육아법 이야기를 전하려 한다. 뇌의
영역별 기능이 무엇인지, 어떤 식으로 발전하는지, 어린 뇌를 완
성시키기 위해서 어떤 행동과 자극이 필요한지 흥미로운 에피소
드를 섞어 알려주고자 한다. 부모로서 직접 경험과 구체적 사례
를 가지고 지적인 측면, 감성적인 측면에서 성장을 어떻게 도울
지 설명한다. 여러분은 이 책에서 뇌 발달과 행동학습이 동시에

─── 19세기 이탈리아의 아동 교육학자.

이루어지는 놀라운 광경을 많이 확인하게 될 것이다.

이 책을 펼쳐들었다면, 부모 혹은 교사로서 삶 속에 아이가 있다는 얘기다. 아이를 교육한다는 것은 엄청난 책임이기도 하지만, 일생에서 가장 의미 있고 행복한 일일 수 있다. 양육은 인간 존재의 모든 측면에까지 영향을 끼치는 초월적 성격을 가지기 때문이다. 모성母性과 부성父性의 중요성은 인간이 살아가는 매 순간 드러난다. 생물학적인 측면에서 자식은 우리의 유전자를 퍼트리는 씨앗이고, 동시에 미래 세대에게 우리의 초월성을 확인시키는 존재이다. 심리학적인 측면에서 보면 억제할 수 없는 본능의 실현을 의미한다. 영적인 차원에서는 아이들이 행복하게 성장하는 것을 보는 것이 인생 완성으로의 가능성인 것이다.

이 세상 모든 부모가 아이를 낳고 처음 안은 순간 느꼈을 테지만, 모성과 부성은 여러 가지 측면에서 책임을 동반한다. 첫 번째는 젖을 주고, 씻기고, 아이를 보호하는 보살핌을 들 수 있다. 두 번째로는 경제적인 책임을 들 수 있다. 양육에 수반되는, 백화점, 병원, 어린이집, 슈퍼마켓에서 있을 엄청난 소비를 책임져야 한다. 부모가 되기 위한 세 번째 책임은, 이것이 가장 중요할 수도 있는데, 다름 아닌 아이들을 직접 교육하는 것이다. 교육이란 한 마디로 정의하면 '아이의 두뇌 성장을 돕는 것'이다. 언젠가는 자기 머리로 스스로 목표를 달성하고 만족감을 느낄 수 있게 도와주는 것이다. 물론 이런 식으로 말하는 것 자체가 너무 단순하긴 하다. 교육에는 적지 않게 복잡한 점이 개입되기 때문이다. 대부분의 부모들은 교육적으로 어떻게 아이들을 도와주어야 할지 배운 적이 없다. 뇌의 기본적인 기능이 무엇인지, 뇌가 어떤 식으로 발전하는지, 어린 뇌를 완성시키기 위해서 어떤 식의 도움이 필요한지를 모른다. 지적인 측면과 감성적인 측면에서 아이의 성장을 어떻게 도와야 하는지 모른다. 아이에 대한 믿음을 가지고 있으면서도 정작 그 믿음이 꼭 필요한 순간에 반대로 행동하는 경우도 많다.

아이들은 누구나 '성격'이라는 틀을 가지고 있다. 평생 안고 갈 삶의 방식을 담고 있는 그릇이다. 내성적인 아이도 있고, 반대로 외향적인 아이도 있다. 조용한 아이도 있고 예민한 아이도 있다. 마찬가지로 아이들 지능의 50% 정도는 이미 유전자에 의해 결정된다는 사실을 우리는 잘 알고 있다. 어떤 연구에 의하면 나머지 50%의 절반, 즉 25% 정도는 함께 공부하는 동료나 관계를 맺고 있는 친구들에 의해 결정된다고 한다. 이것은 결국 아이의 성장에 미치는 부모의 영향이 매우 제한적이라는 사실을 말해준다. 그러나 이러한 지적은 정확한 것이라고 보긴 어렵다. 특히 삶을 시작하는 초기 단계 아이의 성장에는 부모의 도움이 절대적이다. 젖과 보살핌, 따뜻한 말과 마음을 안정시키는 포근한 품이 없다면 아이는 일생을 통해 회복하기 어려운 정서적인 결핍, 지적인 결핍이라는 문제를 안고 살 수밖에 없다. 가족이 주는 안정감과 보살핌, 자극이야말로 아이의 두뇌 발전에 가장 중요한 요소인 것이다.

요즈음의 엄마 아빠는 역사상 그 어떤 시기보다도 아이를 잘 이해할 수 있는 최고의 여건 속에 있다. 우리는 이미 많은 정보를 가지고 있으며, 첨단의 연구들은 아이의 충실한 두뇌 발달을 도울 실제적인 지식과 도구를 제공하고 있다. 물론 혼란이나 착오도 많이 있을 수 있다. 최근 20년 동안 미국에서 신경정신과 치료를 받는 아이들의 수가 7배나 증가한 것 또한 사실이다. 더욱이 이 수치는 지속적인 오름세에 있다. 오늘날 선진국 아이 아홉명 중의 한 명은 향정신성 의약품의 영향 하에서 학령기를 보내고 있다. 정작 뇌의 균형적 발달이 절실하게 필요한 시기에 중요한 가치를 놓쳐버리는 것이다.

교육과 유아 성장발육의 영역에서 온갖 상업적 행위들이 난무한다. 두뇌를 개발하는 복잡한 프로그램을 만들거나, 천재 양성을 목표로 하는 유치원을 세우고, 정신을 이완시켜 행동을 개선하는 약품 개발에 관심을 두는 업체들이 많다. 기업들은 이러한 형태의 프로그램, 자극, 치료들이 두뇌 개발에 긍정적인 영향이 있을 거라는 믿음에서 움직이고 있다.

반면 다른 한쪽에는, 자연주의 교육이론을 믿는 부모들도 있다. 일체의 규범이나 좌절로부터 자유롭게 아이들이 성장하여야 한다는 것이다. 아이에게 좌절은 감정적인 문제를 일으킬 수 있고, 규범이나 제한들은 창의적 잠재력을 방해할 수 있으며, 지나친 보상이 자신감을 무너뜨릴 수 있다는 점을 지적하는 연구가 이들을 지지한다. 여기서 단언컨대, 양쪽 다 틀렸다. 기술적 강화 자극을 통해 아이의 두뇌 능력을 최고로 키워낼 수 있다는 개념이나, 자유로운 탐구와 경험을 통해서만 인간이 완전한 발달에 도달한다는 개념, 이 두 가지 다 맞는다고는 볼 수 없다. 사실 뇌는 우리가 원하는 대로 작동하지도 않고 때때로 우리가 믿는 것처럼 기능하지도 않는다. 뇌는 자기 고유의 작동 메커니즘이 있고 그 방식대로 작동한다.

전 세계 신경과학자들은 수십 년 동안 뇌 발달의 원칙을 알아내기 위해, 그 암호를 풀어내려고 노력해왔다. 아이들이 가장 행복하고 가장 지적으로 알찬 능력을 누릴 수 있게 도와줄 전략을 알아내기 위해 애썼다. 결국, 진화학과 유전학의 연구들은, 순수하거나 선한 것과는 거리가 먼 우리 인간의 본능이 존재한다는 사실을 밝혀냈다.

공격성이나 지배욕 같은 가장 원초적 원시성이 어떻게 나타나는지를 확인하고 싶다면, 아이들끼리 뛰어놀고 있는 학교 운동장에 가보는 것만으로도 충분하다. 선생님의 시선으로부터 벗어난 곳에서 인간이 가진 공격성과 지배욕이 어떻게 드러나는지, 또 '관용'이라는 본능이 어떻게 이타심이나 상호협력 형태로 나타나는지 확인할 수 있을 것이다. 이런 본능들을 적절히 제어하여 아이가 타인의 존중이라는 테두리 안에서만 자신의 욕구를 충족하도록 도와주어야 한다. 이런 것들은 부모와 선생님의 지도와 후원이 없다면 올바른 길을 찾기 어렵다. 현재의 높은 수준으로 진화를 이룬 것은 세대에서 세대로 가치와 문화를 전달하는 인간의 능력 때문이었다. 우리를 문명화시키고 우리가 더 많은 배려심을 가지게 된 것은 뇌가 알아서 한 일이 아니다. 오랜 세대 동안 부모와 교사들의 세심한 노동이 개입하여 가능한 일이었다.

두뇌 발달에 관한 또 다른 흥미로운 연구가 있다. 너무 이른 시기의 자극은 아이의 지능에 별 영향을 주지 못한다는 것이다. 다만, 출생 후 처음 몇 년 동안 '절대음감'이라고 하는 청각능력과 음악을 배울 능력, 다른 언어를 모국어와 똑같이 학습할 능력을 보유하고 있다는 것 정도는 확인되었다. 이것이 이중언어 학교가 그렇지 않은 학교보다 무조건 더 좋다는 것을 의미하진 않겠지만, 만약 원어민이 수업을 할 수 있다면 일주일에 몇 시간씩 영어나 중국어 같은 외국어수업을 하는 것이 유익할 수는 있겠다.

'베이비 아인슈타인' 같은 프로그램에 참여하거나 모차르트 음악을 듣는 것은 아이의 지능 발전에 별로 기여하지 못한다. 물론 클래식 음악을 듣는 것은 긴장을 풀 수 있고, 몇 분 더 학습에 집중력을 발휘할 수 있다. 하지만 그것뿐이다. 몇 분만 지나면 효과는 사라져버린다. 너무 어린 아이들을 스마트폰이나 태블릿, PC 같은 전자기기에 자주 노출시키는 것은 주의력결핍장애나 학습태도 문제를 유발시킬 수 있다. 확실한 연구 자료도 있다. 이 자료에 따르면 주의력결핍장애가 지나치게 과잉진단 되고 있는 것 역시 사실이다. 다시 말해 약물을 복용할 필요까지 없는데도 정신과에서 약을 처방하는 아이의 숫자가 많아졌다. 그렇지만 과잉진단만의 문제는 아니다. 의사들은 오히려 가정의 교육환경이 더 문제라고 주장한다. 주의력결핍증과 유아우울증의 큰 폭 증가 이면에는, 스마트폰 같은 전자기기에 아이들이 무방비로 노출되는 환경과 관련이 많다는 것이다. 당연하다.

아이들의 지능 개발을 약속하는 수많은 '기적의 프로그램'이 있다. 그러나 과학적으로 엄정하게 따지자면 이러한 프로그램들은 어떤 실효성도 보여주지 못한다. 이들 프로그램이 실패할 수밖에 없는 이유는, 먼저 가면 멀리 갈 수 있다는 생각으로 두뇌 발전의 자연스러운 프로세스를 외면하고 이를 가속화하는 데만 주안점을 두기 때문이다. 두뇌 개발은 그 특성의 일부를 상실하지 않고서는 절대로 가속될 수 있는 프로세스가 아니다. 며칠 만에 완숙시키는 유전자 변형 토마토가 본질적인 맛을 잃을 수밖에 없는 것과 같다. 단계를 뛰어넘기 위해 빨리 달리라는 압력을 받은 뇌는 본성의 일부를 잃어버리게 된다. 공감력, 기다릴 줄 아는 능력, 차분함, 사랑 같은 자질은 온실에서 키우듯 속성으로 할 수가 없다. 그런 것들은 인내심 있는 부모를 필요로 한다. 아이가 충분히 느리게 성장하면서 충실히 익고 스스로 결실을 맺을 때까지 기다릴 줄 아는 부모가 필요하다.

아이의 뇌 성장에 관한 신경과학의 가장 중요한 발견들은 너무나 단순하고 또한 자명하다. 엄마 뱃속에 있을 때부터 태어난 후 몇 년 동안 섭취한 음식물의 영향, 아기를 안고 기분 좋게 흔들어주는 것의 심리적 유용성, 지능에서 애정의 역할, 기억력과 언어 발달에 미치는 부모의 대화 등 어찌 보면 너무나 단순한 것이다.

아이의 균형적인 두뇌 발달은 향후 삶의 많은 부분을 결정하는 만큼 무엇보다 중요하다. 이 책에는, 상처나 스트레스를 주지 않고 부모가 아이의 지적·감정적 발달에 좋은 영향을 미칠 수 있는 기본도구와 기술이 많이 등장한다. 수백 개도 넘는 연구 성과들을 종합적으로 분석하고 내린 결론들이다. 적절히 활용하면 인지능력과 학습능력 개발뿐 아니라, 행동교정, 자신감 및 행복감 증진, 주의력결핍이나 유아우울증, 행동장애 같은 문제예방에도 크게 기여할 것이다. 이 책에서 얻게 될 지식과 전략은 부모로서 해야 할 의무들을 정말 만족스러운 경험으로 만들어줄 것이다. 아이의 두뇌가 보여주는 엄청난 유연성에 놀라고 작은 기적들에 탄성을 지를 것이다. 아이의 뇌라는 신비의 세계로 들어가는 것은 우리의 잃어버린 내면의 아이를 만나는 것이기도 하다. 부디 아이들을 더 잘 이해할 수 있게 되길, 결과적으로 모두가 최고의 성과를 얻길 기대한다.

I
두뇌 개발의 4가지 원리

지혜로운 사람은 계획에 따라 움직이지만, 현명한
사람은 원리에 따라 움직인다.

라헬 파로크

원리란 우리를 둘러싸고 있는 세계를 설명해줄 뿐만 아니라 이해
할 수 있게 도와주는 보편적이고도 절대적으로 필요한 조건을 의
미한다. 중력의 법칙은 천체물리학의 기본원리이고, 위생은 건강
의 기본원리이며, 서로를 믿는 것은 우정의 기본원리이다. 우리
인간들이 몰두하는 가장 중요한 과제에도 기본원리가 있듯이, 아
이 교육에도 부모가 다양한 상황에서 과연 어떤 식으로 대처해야
하는지를 알려주는 기본원리가 있다.

―― 파키스탄의 교육자이자 작가.

우리가 부모로서 자식을 성인으로 키우는 기나긴 과정에 수많은 딜레마와 부딪힐 것이고 난감한 상황에 수없이 직면하게 될 것이다. 꾸짖을 것인가 참을 것인가, 식사를 마칠 때까지 기다릴 것인가 말 것인가, 혹은 식사 문제는 너그럽게 용서할 것인가 용서하면 안 되는가 등등. 우리는 자주 일상적인 문제에서 둘 중의 하나를 선택해야 하는 기로에 선다. 나아가 어떤 학교를 선택해서 등록할 것인가, 어떤 교외활동을 시킬 것인가, 텔레비전을 보거나 모바일 게임을 하면서 시간 보내는 것에 어떤 입장을 취할 것인가와 같은 좀 더 중하고 철학적인 문제에 부딪힐 수도 있다. 사실 모든 결정들, 더 나아가 아주 사소한 문제들도 아이의 두뇌 개발에 결정적인 영향을 끼치는 조건이 될 수 있다. 그러므로 이 모든 것에 확고하고 실질적인 원리 원칙을 단호하게 적용해야 한다.

이 장에서는 현명한 부모가 반드시 알아야 할 아이들의 두뇌개발 기본원리 4가지를 제시하려고 한다. 간단한 개념이기 때문에 이해하거나 기억하는 데 문제는 없을 것이다. 하지만 이 4가지 원리는 가장 중요한 기본방향을 제시해주는 것이기 때문에, 아이들이 지성 뇌와 감정 뇌를 소유할 수 있게 하려면 반드시 기초로 삼아야 한다. 이것은 내가 아이들을 양육하는 데 기본원리로 삼았던 것이고, 교육과 관련된 결정을 내려야 하는 순간마다 나에게 방향을 제시해주었다. 이 원칙을 지속적으로 염두에 둔다면, 교육에 관해서 혹은 자녀를 양육하는 것과 관련해서 어떤 의문이 생겼을 때 적절한 판단을 내릴 수 있을 것이다.

1
아이는 나무 같은 존재다

누구든 잠재력을 꽃 피우지 못하고 전혀 엉뚱한 사
람이 된다면, 틀림없이 불행하다.

에이브러햄 매슬로우

막 태어난 송아지나 새끼 노루가 스스로 일어서려는 것을 본 적
이 있는가. 몇 분 만에 부들부들 떨면서 온몸으로 일어서 엄마 뒤
를 쫓아 첫걸음을 뗀다. 첫걸음에 대개 1년이 넘게 걸리는 우리
인간에게는 이 일련의 과정이 신비롭기만 하다. 때로 부모의 집
에서 독립해 나오는 데 40년이 필요한 사람도 있으니 말할 것도
없겠다. 갓 태어난 아이를 보호해야 하는 것은 절대적인 과제다.
많은 부모들의 머릿속엔, 아이가 금방이라도 다칠 것 같은, 그러
기에 누군가에 의존해야만 하는 존재로 인식되기 쉽다. 태어나서
처음 몇 년 동안은 (어떤 점에서는 나이를 더 먹고 나서도) 의지하

― 미국의 심리학자. 인도주의 운동의 형성에 도움을 주었으며, 심리학계에서는
제3세력으로 알려져 있다. 개인의 성장을 위해 힘쓰는 인간의 핵심 부분인 '진
실한 자아'의 애정 어린 보살핌을 주장했다.

는 것이 불가피하다. 하지만 1장을 다 읽을 때쯤이면 우리의 자녀들 역시 본질적으로는 태어나자마자 스스로 일어서는 송아지나 노루, 염소와 같은 존재라는 것을 깨닫게 될 것이다.

갓난아기들이 병원을 나서며 엄마 뒤를 따라 걸을 수 없다는 것은 분명하다. 그러나 정말 매력적인 행동은 할 수 있다. 세상에 나오는 순간부터 아기는 엄마 품 안에서 가만히 있지 않고 젖꼭지를 찾아 입에 물 때까지 엄마 품을 헤맨다. 그 모습을 본 적이 있다면, 이것이야말로 너무나 자연스러우면서도 믿기지 않는 아름다운 장면이라는 의견에 동의할 것이다.

인간은 스스로 자립하여 행복을 쟁취할 수 있는 추진력이 설계되어 있다. 인간이 자연스럽게 완전을 향하여 발전해나가는 경향을 지녔다는 생각은, 심리학계와 교육학계에 비교적 폭넓게 수용되는 전제다. 또 모든 생명체가 본질적으로 스스로 성장하고 발전하는 경향을 지니고 있다는 것은 생물학의 기본원리이기도 하다. 참나무 씨앗은 비옥한 땅에선 최소한의 빛과 물만 있으면 어른 참나무의 키와 위엄을 따라잡을 때까지 가지를 뻗고 잎을 펼치며 쑥쑥 자란다. 새들도 수많은 깃털을 생산하여 날개를 튼튼하게 만들며 사냥과 둥지 건축에 부리를 멋지게 사용하는 법을 자연스럽게 습득한다. 푸른빛이 도는 고래 역시 가만히 놔두어도 지구상에서 가장 큰 동물로 성장한다. 방해하는 것만 없다면 자연의 모든 생명체는 자연스럽게 자신이 지니고 있는 잠재력을 최대치로 끌어올린다. 우리 아이들 역시 마찬가지다.

이러한 원리에 가장 먼저 관심을 보인 사람은 20세기 중반의

'인본주의'심리학자들이다. 당시 심리학은 두 학파로 나뉘어 있었다. 인간은 무의식적으로 욕망과 필요라는 생존조건에 영향을 받는다고 생각한 정신분석학파와, 인간들의 행동과 행복을 결정하는 가장 중요한 요인이 보상과 처벌에 있다고 믿었던 행동주의 심리학파가 그들이다. 이들은 치열한 논쟁을 벌였다. 인본주의 심리학의 대부 격인 에이브러햄 매슬로우는, 인간이 다른 생명체들과 마찬가지로 자연의 이치에 따라 스스로 완전한 성장을 향해 나아가는 경향을 가지고 있다는 명제를 지지했다. 체리나무는 매년 4월만 되면 개화하여 달콤하면서도 맛있는 과일을 선물하는 것으로 성장을 보여준다. 치타는 지구상의 다른 어떤 동물보다 빠르게 달리는 것을 통해 성장을 보여준다. 다람쥐의 성장이란, 굴을 만들고 겨울에 먹을 마른 열매를 모으는 것을 의미한다.

성장의 원리에서 본다면 같은 의미일지 모르지만, 인간이 잠재력을 발휘한다는 것은 엄청난 의미를 가지고 있다. 예컨대 식물이나 동물에 비해 훨씬 더 큰 발전을 내포한다. 우리 아이들은 스스로 느끼고, 생각하고, 사회적인 관계를 발전시키고, 목표에 도달할 수 있게 하는 복잡다단한 두뇌를 가지고 있고, 이 때문에 본성 자체가 다른 동물들보다 더 많은 것을 요구한다. 인간의 두뇌는 자기와 타인의 감정을 느낄 수 있다. 아울러 자신의 행복을 찾고, 자신의 존재에 대한 의미를 발견하고자 하는 자연스러운 습성을 가지고 있다. 심리학자들은 모든 인간이 가지고 있는 이 같은 최종적인 목적을 '자기실현'이라고 부른다. 인간은 필요한 조건만 갖춰지면 이러한 자기실현의 욕망을 지닌다는 것을 우리는 알고 있다. 뇌의 진화 분야에서 가장 활발하게 연구해온 신경과학자인 스티븐 핑커는 생명을 지키기 위한 투쟁, 자유에의 욕망, 그리고 행복추구는 우리 DNA의 일부라고 밝힌 바 있다.

매슬로우에 의하면, 인간은 자신의 잠재력을 발휘하는 것 자체가 타인과 자기 자신에게 좋은 감정을 느끼게 만들면서, 또한 완전한 조화와 만족의 상태에 도달하는 것을 의미한다. 매슬로우는 '욕구의 피라미드'를 통해 인간이 완전한 성장을 향해 나아가는 단계를 보여주었다. 아래 표는 어린아이들의 기본적인 욕구와 관련된 것 위주로 나타낸 것이다.

매슬로우의 욕구 피라미드

에이브러햄 매슬로우

세계 탐험, 배우고 놀고, 창조하고, 발견하고자 하는 욕구
자기실현 욕구

자존심, 믿음, 존경, 자기 가치를 인정하기
존경의 욕구

사랑, 애정, 우정
사랑과 소속감의 욕구

안전함 느끼기, 위협받지 않기, 권리침해나 두려움이 없는 세상
안전의 욕구

음식, 물, 잠, 휴식, 건강
생리적 욕구

모든 아이는 자신의 잠재력을 최대치로 발휘하려는 경향이 있다. 매슬로우는 이것을 나타내는 피라미드를 만들었다. 음식과 안전, 애정, 자존감 같은 기본적인 욕구들이 충족되는 정도에 따라, 아이들은 잠재력의 최대치를 추구하거나 달성할 수 있다.

나무가 건강하게 성장하기 위해서는 최소한의 조건이 필요하다. 예컨대 단단하게 뿌리 내릴 수 있는 땅과 물, 햇빛과 자랄 수 있는 공간이 그것이다. 아이들의 두뇌 또한 기본적으로 필요한 것이 있게 마련이다. 인간에게 첫 번째 단계는 신체 생리적 욕구이다. 잘 갖춰진 식단, 휴식, 위생 등의 기본적인 욕구가 충족되면 성장이 가능한 최소한의 터전이 제공된 것이다. 안전에 대한 욕구는 위협이나 학대가 없는 자유로운 환경과 같은 것으로 바로 두 번째에 해당한다. 세 번째 단계는 뇌가 공급받아야 하는 생명수 같은 것이다. 정서적으로 자녀들을 보호하고 영양을 공급하여 자존감을 획득할 수 있도록 도와주는 애정 어린 부모님의 사랑이다. 네 번째는 나무가 성장하기 위해 가지를 뻗을 공간이 필요하듯, 아이들에게는 부모의 신뢰와 부모로부터의 자유가 필요하다. 만약 신뢰와 자유가 충분히 보장되지 않는다면, 세상을 탐험하고 픈 욕망과 재능이 불안으로 인해, 또 부모가 허락하는 공간의 부족으로 인해 발휘되지 못할 수도 있다. 마지막으로 나무가 가지를 뻗어 햇빛을 받아들이는 것처럼, 아이의 뇌 역시 자연스러우면서 알찬 성장을 위해서는 언제나 적당한 자극도 있어야 한다. 이를 통해 주변 사물들과 사람들의 세계를 탐구하고 즐기고 경험하고 발견할 수 있도록 해주어야 한다.

다시 말하자면, 아이들은 나무처럼 스스로 성장하고 발달할 수 있도록 프로그램화되어 있는 존재다. 교사나 부모, 그리고 아이들 자신조차도 어떤 나무가 될지는 알지 못한다. 늠름한 메타세콰이어가 될지, 외따로 서 있는 미루나무가 될지, 열매를 주렁주렁 매

단 체리나무가 될지, 꿋꿋하게 버티고 선 야자나무가 될지, 당당한 참나무가 될지, 그건 시간이 흘러야 알게 되는 것들이다. 따라서 아이의 두뇌는 완전하게 발전하여 잠재력을 꽃피울 수 있도록 잘 짜여 있다는 것을 믿어야 한다. 대부분의 경우 우리가 할 수 있는 유일한 일은 믿어주는 일이다.

2
매 순간을 즐기자

미래에 대한 진정한 관대함이란 지금 이 순간에 모든 것을 바치는 것이다.

알베르 까뮈

통근 열차를 타기 위해 서둘다가 우연히 동네 정육점 주인을 만난 지도 벌써 5년이 되었다. 그는 활짝 웃는 얼굴로 '안녕하세요! 요즘 어떻게 지내세요?'라고 말을 건넸다. 그 당시 나는 매일 아침 아이를 어린이집으로 데려갔다. 아이가 일어나기 전에 모든 걸 준비해 놓아야 했기에 평소보다 한 시간 정도는 일찍 일어나야 했다. 가족을 이루고 싶다는 꿈도 있었고 진심으로 아이를 원했지만, 초보 엄마 아빠라면 모두가 그렇듯 새로이 다가온 책임감과 잃어버린 자유 사이에서 혼란스러울 수밖에 없었다. 그 즈음 하루에 잠도 어김없이 두 번씩 깼고, 옷도 두 번씩 입었고, 아침식사도 두 번 했으며, 출근도 두 번 해야 했다. 예전에는 나만

― 프랑스의 작가이자 철학자. 대표작으로 〈이방인〉이 있고, 1957년 노벨문학상을 수상하였다.

돌보면 됐지만, 이제 일상의 삶 자체가 전쟁처럼 느껴질 수 있는 상황이 되어버렸다. 너무 피곤했고, 모든 일이 제자리를 벗어나 있었으며, 어떤 의미에서는 불행하다는 생각마저 들었다. 그래서 정육점 주인에게 내가 얼마나 힘든지 불평을 늘어놓았다. 시간이 부족해 죽겠다, 피곤해 죽겠다는 식의 불평이었다. 연장자이자 나보다 더 현명했던 그는 결코 잊을 수 없는 충고를 해주었다.

"아이들과 함께 보낼 수 있는 시간은 금세 지나갈 뿐만 아니라, 단 한 번뿐이에요. 지금 지나치면 다시는 돌아오지 않죠. 영원히 기회가 없답니다."

그 순간 나는 머리를 한 대 얻어맞은 것 같았다. 정신이 번쩍 들었다.

부모됨을 즐기다

부모가 된다는 것은 책임을 진다는 것 이상이다. 하나의 특권이다. 내가 매일 아이를 어린이집에 데려가면서 가졌던 생각, 예컨대 아버지가 되는 것이 너무 힘들다는 생각을 다른 부모들 역시 다들 하고 있을 것이다. 갑작스레 자유를 잃고 피곤에 지쳐, 혹은 아이 양육의 깊은 좌절감에 예민해지기도 할 것이다. 하지만 다들 부모가 되는 것에서 오는 즐거움은 잊은 것 같다. 엄마 아빠가 되기 위해서는 분명히 많은 것을 포기하거나 후순위로 미뤄야 한다. 자유의 만끽, 여행, 전문가로서의 경력, 휴식 같은 것은 첫 번째가 아닌 두 번째가 되어야 한다. 자식을 기르는 것 자체가 번거로움 없이 마음 편하게 사는 것을 포기해야 한다는 것을 의미한다. 하지만 이 모든 포기에는 다른 보상이 있다. 여기서 보상은 나중에 오는 것이 아니다. 바로 부모가 되는 것을 즐기는 것이다. 지금 부모됨의 즐거움을 깨닫고 발견하는 것이다.

자녀를 돌보는 데 하루하루 기진맥진 녹초가 된다면, 관심을 좀 더 긍정적인 곳으로 돌려보면 좋겠다. 관심의 초점이 바뀐다면 우리 뇌는 사물을 전혀 다른 시각에서 볼 수 있다. 이런 그림이 있다.

1915년에 W.E.힐이 그린 〈나의 아내와 장모〉 그림이다. 두 사람이 동시에 보이는가? 이 그림이 재미있는 것은 내가 초점을 맞추는 부분에 따라 젊은 여인 혹은 나이든 여인이 보이기 때문이다. 두 옷깃이 여며지는 부분에 초점을 맞추면 튀어나온 턱이 보일 것이고, 그러면 늙은 여인의 모습이 나타난다. 반대로 모자 아래에 위치한 얼굴 부분에 초점을 맞추면 고개를 살짝 돌린 젊은 여인의 뒷모습을 볼 수 있다. 젊은 여인이거나 늙은 여인. 아내이거나 장모. 두 사람이 하나의 그림 속에 공존하고 있지만, 두 사람을 동시에 볼 수는 없다. 아이를 양육하는 경험은 이 그림과 유사하다. 희생을 상징하는 어두운 얼굴에 초점을 맞춰 삶을 보낼 수도 있고, 아이가 성장하는 것을 지켜보는 아름다운 면에 초점을 맞출 수도 있다.

잠든 아이를 침대까지 데려간다는 것의 의미는 아이가 나의 품을 정말 편안하게 느끼고 있다는 말이다. 아이의 등굣길에 함께 솔방울을 줍다가 회사에 늦었다면, 그 날 아침 아이와 함께 마법의 순간을 경험했다는 것을 의미한다. 아이의 이가 나는 것을 지켜보며 밤을 지새웠다는 것은 뭔가 어려운 시기에 함께 있었다는 것이다. 학부모회에 가기 위해 회사를 결근한 것은 아이의 일생에서 가장 중요한 시기에 함께했다는 것을 의미한다. 물론 의심의 여지없이 힘든 시기일 것이다. 그렇지만 엄마 아빠로서 끌려가는 삶을 뛰어넘어 만족스럽고 알찬 경험을 하고 싶다면, 부모라서 할 수 있는 아름다운 측면으로 관심을 돌리고 마음껏 즐기라는 말을 하고 싶다.

매 순간 활용하기

이 책의 서문에 인용한 마리아 몬테소리의 글에서도 밝혔듯이, 아이의 일생에서 가장 중요한 시기는 첫 6년이다. 이 기간 동안 아이는 자신과 주변 세계의 안전함에 대한 믿음을 키우게 된다. 언어를 익히고 배움의 방식을 정립함과 동시에 장차 자신의 문제를 해결하고 판단을 내릴 수 있는 기초를 닦게 된다.

따라서 아이가 인지능력과 정서능력을 충분히 함양할 수 있도록 도와주기 위해서는 첫 6년의 시기를 잘 활용하는 것이 중요하다. 복잡하고 어려운 조기교육 프로그램이나 지역에서 가장 좋은 유치원으로 아이를 데려가라는 게 아니다. 놀아줄 때, 울 때, 산책할 때, 젖병을 물릴 때 등 모든 순간에 아이의 두뇌개발을 위한 교육과 강화의 기회가 주어진다. 아직 학교에 들어가기 전, 과외수업과는 거리가 먼 시기 아이들의 발달과 성장에 가장 큰 영향을 미치는 사람은 바로 부모와 형제다. 가치, 규범, 통찰력, 기억력과 문제를 다룰 능력은 언어와 놀이, 크고 작은 몸짓과 여타의 세세한 것을 통해 전달된다. 보기에는 사소할 수도 있는 작은 제스처와 뉘앙스를 통해 전달되는 것이다.

매 순간 즐기기

알찬 인생을 살면서 삶의 진수를 누리고자 하는 사람들을 위한 최고의 금언이 있다.

'카르페 디엠; 지금 이 순간을 잡아라.'

마찬가지로 아이가 잠재력을 최대치로 발달시킬 수 있게 하려는 사람을 위한 최고의 금언 역시 '지금 이 순간을 즐겨라.'다. 즐긴다는 것은 아이의 성장에서 가장 근본적인 부분이다. 이유는 간단하다. 어른들은 세상을 개념이나 언어, 추론이라는 형태로 받아들이다. 그렇다면 아이들은 세상을 어떤 식으로 인식할까? 살아있는 생명체는 자신을 둘러싸고 있는 세계를 결코 똑같은 방식으로 인식하지 않는다. 예를 들어, 개의 뇌는 세상을 냄새로 인식한다. 박쥐는 탐지기에 반사되어 오는 음파로, 벌은 전자기 펄스의 형태로 받아들인다. 아이들 역시 마찬가지다. 특히 태어나서 처음 6년 동안은 어른들이 세상을 인식하는 것과는 전혀 다른 방식으로 인식한다. 아이들은 기본적으로 감정과 놀이, 애정을 통해 세상을 받아들이기 시작한다.

그러므로 놀이는 아이의 지능과 정서적인 능력을 발달시키는 데 가장 중요한 요소가 된다. 아이의 뇌는 놀이를 통해 배우도록 설계되어 있다. 우리가 놀이를 시작하면 아이는 배울 준비를 한다. 부모가 놀이에 재능이 없어도 상관없다. 가위바위보나 술래잡기나 숨바꼭질, 공놀이 같이 아이와 즐기면서 할 수 있는 건 무엇이건 좋다. 아이의 모든 감각기관은 움직임에 집중되어 있다. 지속적으로 당신의 몸짓과 말 한마디 한마디에 집중한다. 가르칠 때나 명령할 때보다 훨씬 잘 기억한다. 더욱이 우리는 아이들과 놀면서 정서적인 접촉을 하게 된다. 놀이 자체가 아이의 감성을 일깨우기도 하지만, 아이를 둥개둥개 해주거나 안아주거나 장난으로 깨물어주는 육체적인 접촉 또한 마찬가지 역할을 한다. 아이는 놀면서 자신의 역할을 해석해볼 수 있고, 타인의 위치에 서보고, 미리 예측하는 사고를 연습한다. 놀 때에는 자기 나이보다 훨씬 더 어른스러운 사고력과 성숙한 모습으로 생각하고 행동할수 있게 된다. 놀이는 다른 어떤 행위보다 지적능력을 확장시켜주는 교육 도구이다. 동심의 세계로 들어가 아이의 관점에서 뭔가를 하고 싶다면, 스스로 바닥에 앉거나 엎드려 아이 눈높이에 맞추는 것이 좋다. 아이의 주의를 끄는 데에는 이보다 더 좋은 방법이 없다. 장담컨대 아무 말 하지 않아도 아이는 재미있게 놀기 위해 다가온다. 이미 아이의 감성과 놀이세계에 들어섰기 때문이다.

당신이 아이의 인생에서 첫 번째 줄에 자리매김하려면 바닥에 앉아 아이와 함께하는 놀이와 오락을 교육의 수단으로 활용하면 된다. 방바닥과 같이 가장 낮은 곳이야말로 직접 아이의 두뇌가 어떻게 발달하는지 관찰하고 참여할 수 있는 특별한 플랫폼이 되기 때문이다. 바로 당신과 아이만을 위한 특화된 플랫폼. 이것을 즐겨야 한다.

3
부모라면 반드시 알아야 할 아이 두뇌의 ABC

지식에 투자하면 최고의 수익을 얻을 수 있다.

벤자민 프랭클린

직접 연구를 통해 확신하게 된 것이 있다. 아이 뇌가 어떤 식으로 움직이며 어떻게 발달하는지 부모들이 이해하게 되면 자녀교육에 실질적인 지침이 될 수 있으리라는 것이다. 신경과학자까지 될 필요는 없다. 몇 가지 기본개념을 이해하는 것으로 충분하다. 그것도 딱 세 가지면 충분하다. 가장 기본적인 ABC에 해당하는 것을 이해하기 위해 두뇌라는 미지의 세계로 들어갈 문을 활짝 열어보자.

───
미국 건국의 아버지 중 한 명. 계몽사상가. 피뢰침과 다초점 렌즈를 발명하기도 했다.

A. 연결

갓난아이는 태어나자마자 성인들과 거의 같은 1,000억 개에 가까운 뉴런을 가지고 있다. 어른과 아이의 뇌에서 가장 중요한 차이는 장차 수조 개까지 만들어질 뉴런 사이의 연결 정도다. 우리는 이 각각의 연결을 '시냅스'라고 부른다. 이러한 엄청나게 많은 상호 연결이 단 2초 만에 이루어질 뿐만 아니라, 어떤 것들은 이웃한 50만 개의 다른 뉴런과 순식간에 연결되는 것을 본다면 뇌가 지닌 믿기 어려운 연결 능력을 이해할 수 있을 것이다.

　더 흥미로운 점은 각각의 연결이 아이의 뇌가 실현한 배움의 결과라는 것이다. 가장 좋아하는 공룡 장난감을 잡을 때의 엄지손가락 위치, 힘, 방향이 두뇌에 있는 뉴런의 다양한 연결고리 속에, 그리고 집중할 때 원하는 것을 얻을 수 있다는 느낌에 반영되

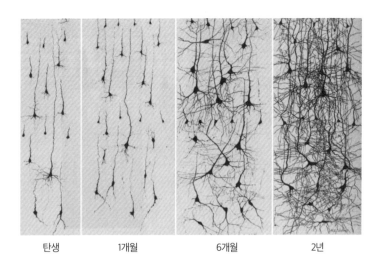

| 탄생 | 1개월 | 6개월 | 2년 |

어 있다. 우리가 아이와 대화를 나눌 때, 뽀뽀를 할 때, 멍하니 무언가를 바라보고 있을 때도, 아이의 뇌는 성인이 되었을 때 삶을 직면할 수 있게 도와주는 뉴런의 연결을 만들어낸다. 이 책은 당신이 아이와 하나가 되어 가치 있는 연결을 만들어내는 효과적인 방법들을 제시할 것이다. 아이는 이를 통해 스스로 목표를 달성하고 자기 긍정감을 느끼게 해줄 의미 있는 연결을 많이 만들어낼 수 있다. 꼭 기억할 것은, 당신이 아이에게 가르쳐주는 모든 것이 평생 동안 연결이라는 형태로 아이의 두뇌에 아로새겨진다는 점이다.

B. 이성과 직관

부모라면 반드시 알아야 할 아이의 뇌 ABC에서, B는 아이의 지능에 대한 이해를 확장하는 데, 그리고 아이의 자신감을 강화시키는 데 무척 유용한 것이다. 우리가 대뇌 피질이라고 부르는 뇌의 가장 바깥 부분은 왼쪽과 오른쪽 두 개의 반구로 나뉘어 있다. 좌반구는 오른손의 움직임을 통제하는데, 대부분의 사람들은 이 영역이 훨씬 우세하다. 사람들은 좌반구가 지닌 고유의 기능을 이용하여 말하고 읽고 쓰는 능력을 갖출 뿐만 아니라 사람들의 이름을 기억하는 능력, 자기통제력, 삶에 대해 낙관하는 태도, 사전에 대비할 수 있는 능력도 발휘한다. 확실히 좌반구는 이성적, 논리적, 긍정적, 통제적 성격을 띠고 있다고 이야기할 수 있다. 반면, 우반구는 왼손에 대한 통제력을 지니고 있으며, 지적인 행동에 대해선 아무런 눈치도 채지 못하고 그냥 지나친다. 하지만 우반구가 지닌 기능 역시 중요하다. 비언어적인 표현을 구현하거나 해석해내고, 빠르게 통합적 이미지를 만들어낸다. 종합적인 시각을 가지고 세세한 오류들을 찾아내는 능력이 있으며, 이를 신속하게 교정하는 능력도 있다. 한마디로 직관적이고 예술적이고 감성적인 성격을 지니고 있다.

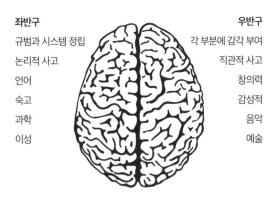

좌반구	우반구
규범과 시스템 정립	각 부분에 감각 부여
논리적 사고	직관적 사고
언어	창의력
숙고	감성적
과학	음악
이성	예술

이러한 차이를 들어 왼손잡이가 좀 더 직관적이고, 오른손잡이는 좀 더 논리적이라고 말하고 싶진 않다. 통계적으로 유의미한 차이가 발견되지 않았다. 또한 아이들이 직관적인 성격을 갖거나 반대로 이성적인 아이가 될 수 있다고 이해하는 것도 곤란하다. 사실 뇌의 완전한 성장을 위해서는 양쪽 반구의 기능 모두가 필요하다. 화가는 전체적으로 좋은 통찰력(우반구)을 가져야 하지만, 다른 한편으로는 한 획 한 획을 잘 통제(좌반구)할 수 있어야

한다. 변호사 역시 수많은 법 조항들을 암기(좌반구)해야 하지만, 법 조항들을 유용하게 활용(우반구)할 수 있는 전반적인 분별력을 지녀야 한다.

C. 뇌의 삼위일체

지금부터 이야기하는 부분이야말로 아이의 두뇌를 좀 더 깊이 있게 이해하는 가장 유용한 자료일 것이다. 아이의 뇌가 형성되는 각 단계와 수준에 대한 이해가 없으면 제대로 된 교육이 불가능할 수도 있다. 인간의 뇌는 수백만 년에 걸쳐 원시생명체에서 가장 복잡한 창조물로 진화되어왔다. 많은 사람들은 멋진 추론을 가능하게 하는 뇌야말로 진화의 결정체라고 굳게 믿고 있다. 하지만 실상은 냉철하고 이성적 기관이라는 일반적 인식과는 거리가 있다. 수백만 년 동안 인간의 두뇌는 먹을거리를 찾고, 위험을 피하여 안전한 곳을 찾고, 최종적으로 대화를 통해 복잡다단한 문제를 효율적으로 해결할 수 있는 구조를 만들어왔다. 진화는 과거의 그것과 본질적으로 다른 뭔가로 바뀌는 것이 아니었다. 과거의 뇌에 덧대어 새로운 재능과 도구가 갖추어졌고, 이를 현실화하면서 우리 삶이 영위되었다. 이러한 진화 과정의 발걸음 하나하나는 현재의 두뇌 구조에 고스란히 반영되어 남아 있다. 아주 오래된 뇌 부분, 감정처리에 특화된 뇌 부분, 그리고 좀 더 최신의 복잡하고 지적인 작동을 가능하게 하는 뇌 부분을 각각

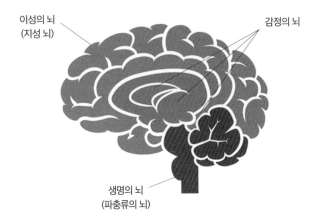

이성의 뇌
(지성 뇌)

감정의 뇌

생명의 뇌
(파충류의 뇌)

구분해낼 수 있다.

내 생각으로는 아이의 뇌를 구성하는 다양한 수준이나 단계에 대한 충분한 이해가 있어야 제대로 된 교육이 가능하리라 본다. 인간의 뇌를 형성하는 각 단계 혹은 구조를 이해하도록 돕는 비유로는, 3개의 뇌가 하나로 되어 있다는 '뇌의 삼위일체'를 들 수 있다.

파충류의 뇌는 인간의 두뇌에서 가장 원초적인 기능을 하는 담당하는데 맨 아래쪽에 위치한다. 인간과 파충류가 공통적으로 소유하며 생명의 뇌라고도 한다. 생존을 위해 싸울 수 있게 하는 부분이다. 이곳에서는 심장을 뛰게 하고, 숨을 쉬게 하고, 경계 상태를 통제하고, 체온의 변화를 감지하며, 배고픔을 느끼는 등의 기능을 한다.

두 번째 층은 감정의 뇌, 혹은 포유류의 뇌라고 부르는 일련의 구조들이다. 이 부분은 초기 포유류들에게서 널리 발달되었다. 주요 기능으로는 즐겁거나 불쾌한 감정을 구별하는 능력을 들 수 있다. 예컨대 감정 뇌는 불쾌한 느낌(위험과 위협, 두려움을 야기하는 상황)을 피하려는 경향과, 기분 좋은 감정(식사, 안정감, 애정을 주는 사람)을 추구하거나 모색하려는 경향을 보인다.

꼭대기 층은 가장 진화한 뇌로, 이성의 뇌, 혹은 지성의 뇌라고 부른다. 이 부분이야말로 인간을 여타의 동물들과 구별 짓게 한다. 인간이 자의식을 갖는 것, 대화하는 법, 추론하는 법, 타인의 입장에 서는 것, 논리적이고 직관적인 사고에 기초하여 결정을 내리는 법을 깨닫게 한다.

알다시피, 인간의 두뇌는 단순히 냉철하고 이성적이기만 한 것이 아니라 이성과 감정과 감성을 두루 아우르는 기관이다. 물론 아이 때의 뇌는 파충류 뇌와 감정 뇌가 더 큰 목소리를 낸다. 아이가 한 살이 될 때까지 부모들은 주로 원초적인 뇌와 대화해야 한다. 불편함과 배고픔만을 느끼는 아기와 논리적 이성적 대화는 불가능하다. 여기서 문제를 해결할 수 있는 것은 지성 뇌가 아니다. 아기가 배고프고 춥고 졸릴 때 유일한 출구는, 욕구를 충족시켜주거나 활력을 북돋아주는 것이다. 태어난 지 1년이 넘어서야 감정 뇌와 파충류의 뇌가 공존하게 된다. 이때부터 부모는 아이의 가장 원초적인 본능뿐만 아니라 애정과 안전과 같은 감정적인 욕구까지도 감안하여 대화해야 하고, 이를 위해선 다양한 전략을 구사할 줄 알아야 한다. 여기서는 한계치를 설정하거나 공감을 느끼게 하는 것, 특히 애정을 주는 것이 가장 유용한 전략이 될 수 있다. 그러다 세 살쯤이 되면 지성 뇌가 아이의 삶에서 주인공으로 등장한다. 기본적인 욕구를 통제할 수 있을 뿐만 아니라 이성과 직관, 의지가 안내하는 곳으로 몸을 맡긴다. 그렇지만 이때까지도 감정 뇌를 통제하기 위해서는 애정과 이해라는 약이 가장 많이 필요하다. 잠이 오고 배고프고 피곤해질 때면(특히 하루가 끝날 무렵) 파충류 뇌는 아이의 행동을 다시 장악하기 시작한다. 이런 때 아이가 울기 시작하면, 말로는 위로할 수 없다. 갓난아이와 마찬가지로 가장 원초적인 욕구를 충족시켜줘야 한다. 먹을 것을 주거나 잠을 잘 수 있게 해야 하는 것이다. 각각의 두뇌 발달 과정에서 어떤 식으로 아이를 이끌어야 하는지 표에서 확인하자.

뇌의 각 부위	아이의 경험	효과적인 전략
파충류의 뇌	배고픔, 졸림, 통증. 구슬프게 운다.	욕구를 충족시켜준다. 불쾌감을 줄여준다.
감정 뇌	흥분, 무서움, 좌절감, 분노를 느낀다. 뭔가를 원한다.	원하는 것을 얻게 해준다. 가질 수 없는 것을 다독이고 공감해준다. 안정감과 애정을 준다.
이성 뇌	관련 있는 사실들을 기억한다. 뭔가를 얻기 위해 계획을 짠다. 집중한다. 불만을 느끼고, 조바심을 낸다.	생각할 수 있게, 집중하거나 기억할 수 있게 도와준다. 감정 뇌와 연결하여 생각할 수 있게 도와준다.

지혜로운 부모는 아이의 뇌에서 각 부위가 입을 벌리고 뭔가를 이야기하고자 할 때 적절한 대화를 이끌어나가는 능력이 있다. 이 세 단계의 발달과정과 뇌 구조를 충분히 이해한다면, 일상의 다양한 상황에서 아이가 자신의 욕구와 감정들을 잘 추스르도록 도와줄 수 있다.

4
균형의 가치

> 좋은 머리와 좋은 마음은 어마어마한 조합을 만들어낸다.
>
> 넬슨 만델라

모든 부모와 교사가 아이들을 교육할 때 반드시 명심해야 할 가장 근본적인 원리는 균형감이다. 동양에서는 이러한 균형감을 '중용'이라고 부른다. 중용이야말로 참된 진리에 이르는 방법이다. 여기서는 아이들 교육방법을 생각할 때 놓치지 말아야 할 균형감을 알아보려 한다.

감정 뇌와 지성 뇌

대부분의 부모는 자녀들에게 두 가지를 바란다. 행복과 자립. 사

─ 인권운동가. 남아프리카공화국 최초의 흑인 대통령. 대통령 당선되기 전에는 옛 백인 정권의 인종차별에 맞선 투쟁을 지도했다.

람들은 교육에 엄청난 노력을 쏟아 붓는다. 머리가 좋으면 행복에 이르는 문을 스스로 활짝 열 수 있으리라는 확신 때문이다. 공부를 통해 일, 사랑, 우정, 성공, 상당 정도의 안락함을 얻을 수 있는 것은 사실이다. 그러나 지적 성취가 행복을 촉진한다는 믿음은 전적으로 잘못된 것이다. 지적인 능력과 감성 능력 사이에는 어떤 상관관계도 존재하지 않는다. 세상에는 지적인 면에서는 특출한 능력을 지니고 있는데도 공감능력이 떨어지는 사람들이 많다. 모든 성공을 거두었음에도 여전히 고질적인 스트레스로 고통받으며 행복이 요원해 보이는 사람들로 가득 차 있다. 반대로 지적으로 별 다른 성취가 없고 학력도 보잘것없지만 매사에 열정적이고 상식이 풍부할 뿐 아니라 대인관계가 좋은 사람도 많다.

이 같은 불일치가 존재할 수 있는 이유는 간단하다. 앞에서 이야기했듯이, 감정지능과 지성지능은 뇌의 상이한 영역을 점유하고 있기 때문에 서로 독립적일 수밖에 없다. 지성을 담당하는 피질은 지적인 재능을 통해 세상과 관계를 맺는 것을 보여주지만, 감정을 맡고 있는 뇌는 감정의 법칙을 따라 움직인다. 지성을 담당하는 뇌 입장에서는 상황에 대한 깊이 있는 분석이 좋은 결과를 만들 수 있지만, 감정을 맡은 뇌는 첫인상과 경험 같은 것이 결정의 과정에서 가장 중요한 역할을 한다. 그러므로 어떤 특정 방식이 좋다거나 나쁘다고 할 수 있는 것이 아니라, 주변 상황에 따라 감정지능이 혹은 지성지능이 더 필요한 경우가 있을 수 있다. 이 둘 사이에서 균형을 잘 잡는 사람이 행복해질 가능성과 목적 달성을 위한 능력까지 갖게 되는 셈이다. 이러한 의미에서 균형 잡힌 교육이란 지성 뇌뿐 아니라 감정 뇌에도 관심을 갖는 것이다. 이 두 가지 모두를 최고 단계까지 개발하고 서로 대화할 수 있게 한다면, 아이들은 감성과 감정, 사고가 잘 조화를 이룬 어른으로 성장할 수 있다.

상식 차원에서 교육하기

교육 문제에서 부모들의 가장 일반화된 오류는 아마도 극단적이라는 점 아닐까 싶다. 묘하게도 이러한 성향은 상대적으로 더 많은 책을 읽고 자녀교육을 어떻게 해야 할지 정보를 더 많이 가진 부모들 사이에서 자주 나타난다. 극단적으로 한 방향으로 몰아가는 것이다. '근본주의자' 부모는 아기가 한 번에 우유를 얼마나 먹어야 하는지, 적절한 면역체계의 발달을 위해선 몇 달, 몇 주, 며칠 정도 모유를 먹어야 하는지, 젖병을 몇 도에서 살균해야 하는지, 아이에게 확실하게 안 된다고 말하기 전에 얼마나 안아주고 얼마나 뽀뽀해주고 얼마나 토닥여줘야 하는지 확고한 기준과 생각을 가지고 있다. 이런 부모들은 좋은 의도와 잘 정립된 신념을 갖추긴 했지만, 잘못 해석되어 극단으로 치닫게 만드는 이론에 기초한 경우가 많다. 대부분은 아마 교육에 관한 가장 기본적인 책 한두 권 정도를 읽었을 것이다.

자녀교육에 확고한 잣대가 존재한다고 믿는 근본주의자 부모들에게 해주고 싶은 말이 있다. 그들이 생각하는 것처럼, 1밀리의 오차도 없이 정밀하고 완벽하게 아이를 길렀다면 아마 인류는 수백만 년 전에 사라졌을 것이다. 시기를 앞당겨 젖을 떼는 것, 살균하지 않은 젖병, 안아주지 않는 것, 혹은 엉덩이에 파우더를 발라주지 않고 재우는 것이 그들이 생각하는 만큼 중요하다면, 지구상엔 단 한 사람도 살아남지 못했을 것이다. 사실 에스키모 사회에서도, 열대우림에서도, 사막을 가로지르는 대상들과 여행하면서도 아이들은 얼마든지 행복하고 건강하게 성장할 수 있다. 아이를 기르는 것은 우리가 생각하는 것보다 훨씬 더 단순하며 본능적이다.

물론 아이를 안고 다니거나, 한계를 설정하거나, 아이가 필요로할 때 먹을 것을 주거나 안아주는 행동은 아이들 성장에 매우 긍정적이지만, 이에 못지않게 중요한 것은 부모의 평온한 마음이다. 이 평온한 마음이 전해져서 아이의 긴장을 풀어주는 것이다. 아이들이 울 때마다 잽싸게 달려가는 것도 그리 좋은 것은 아니다. 아이들을 차분하게 대하는 것이 아이에게 부모의 믿음을 전하는 최고의 방법이다. 이것이 아이들이 원할 때 달려가 보살펴주는 것만큼이나 중요하다.

모두가 알다시피, 갓 태어난 아기에겐 소화기 감염이나 여타의 문제가 생길 수 있다. 소아과 의사들은 아기가 태어난 후 처음 몇 개월 동안은 병원균에 맞서야 하는 아이들의 면역체계 보호를 위해 젖병과 고무젖꼭지를 잘 살균해야 한다고 이야기한다. 그런데 많은 부모들이 처음부터 싹을 제거한다는 강박관념으로 완벽하게 살균된 세계를 만들려 한다. 이런 극단적인 생각은 아이에게 이롭지 않다. 최근 저명한 의학 잡지『소아과』를 통해 발표한 스웨덴의 연구결과는 살균보다 더 나은 대안이 존재한다는 것을 보여주고 있다. 연구에 의하면, 고무젖꼭지가 바닥에 떨어졌을 때, 아기에게 다시 물리기 전에 부모가 입으로 한 번 깨끗하게 닦아준다면(물로 씻지 않고) 아기의 소화기에 다양한 박테리아를 넣어주는 것과 같은 효과가 있다는 것이다. 이런 아이들이 살균한 것만 사용했던 집단보다 훨씬 더 천식이나 피부습진에 걸리지 않는다는 것이 밝혀졌다. 놀랍게도 우리 할머니들의 방식과 일치한다.

또 다른 극단적인 믿음을 들자면, 아이에게 될 수 있으면 제한 규정을 설정하지 않는 것이 있다. 반대쪽 극단으로는 제한 규정이 많으면 많을수록 좋다는 입장도 있다. 첫 번째 경우에는 아이들이 규범도 모르고 자라날 가능성이 있고, 결과적으로 자신감을 갖지 못할 수 있다. 해야 할 것과, 하면 안 되는 것을 자기 것으로 만들지 못했기 때문이다. 뒤의 경우에는 지나치게 자의식이 강한 아이로 성장할 가능성이 있다. 또 다른 이유로 자신감이 결여될 수 있는데, 이 경우에는 과잉보호를 받고 있다고 생각하기 때문이다.

아기를 혼자 재우는 방법과 관련해서도 극단주의가 있다. 어떤 부모들은 어느 정도 나이가 될 때까지는 함께 자는 게 좋다고 말한다. 반대로 아이는 반드시 혼자 자야 한다고 부득부득 우기는 사람도 있다. 두 번째 유형의 사람들은 어렸을 적부터 자립정신을 가르치는 것이 최고라고 주장한다. 반면에 첫 번째 유형의 사람들은 물리적으로 부모와 스킨십이 많아야 아이가 불안과 불만을 덜 느낀다고 강하게 주장한다. 친구나 책, 자신의 깨달음을 통해 이런 확고한 신념을 가지게 된 사람들은 중용의 길이 있다는 것을 잊기 쉽다. 예컨대 아이를 재울 때 편안한 느낌을 가질 수 있도록 부드러우면서도 신뢰를 주는 방식 말이다. 나는 이 책에서 중용의 미덕을 견지하며 가이드를 할 것이다. 이것이 아이를 양육하는 당신을 편안하게 만드는 동시에 아이에게도 균형 잡힌 마음과 명확하게 사고하는 능력을 함께 키워주는 방법이라고 믿기 때문이다. 또한 자존감과 자기애, 타인에게도 열린 마음을 갖게 하는 방법이다.

대다수 부모는 사회성 개발에 긍정적일 거라는 생각에 아이들에게 장난감을 다른 아이들과 함께 사용하도록 교육하려 들지만, 아이들은 절대로 자기 장난감을 다른 사람에게 주는 것을 원치 않는다는 사실 또한 잘 이해하고 있다. 부모들은 아이가 화를 내는 것을 이해하면서도, 화를 낼 때도 다른 아이를 때리거나 머리카락을 뽑아서는 안 된다는 것을 가르쳐야 한다는 사실을 잘 알고 있다. 이러한 예에서 볼 수 있듯이 부모 대부분은 교육적인 본능을 좇아 행동한다. 즉 상식 차원의 사회규범을 강화하며, 이를 통해 아이들이 긍정적인 행동거지를 발전시켜 나갈 수 있도록 도와주는 것이다.

II
두뇌 개발을 도울 도구들

위대한 예술가는 자연을 잘 관찰한 다음 그들에게
서 도구를 빌려온다.

토마스 에킨스

인간 두뇌의 가장 큰 특징은 도구를 설계하고 이용하는 능력에
있다. 인류가 출현한 이래, 인간은 언제나 도구와 함께 해왔고, 도
구는 발전과 진보의 가장 중요한 증거였다. 도구 덕분에 인간은
다른 동물과 비교했을 때 상대적으로 느리지만 사냥도 할 수 있
었고 고기를 먹을 수 있었다. 과일과 식물의 잎을 주로 하던 섭생
에서 풍부한 단백질 식사로 바뀌면서, 인간의 소화기관은 에너지
소모를 줄일 수 있었다. 덕분에 여기에서 발생한 잉여 에너지를

― 20세기 미국의 흑인 변호사이자 정치인.

'생각'이라는 멋진 모험에 투자할 수 있게 되었다. 단백질 덕분에 인간은 이 생각들을 뇌의 연결로 변환시킬 수 있었고, 결과적으로 뇌는 놀랄 만한 속도로 성장을 하게 되었다. 지능이 개발되면서 두뇌는 인간의 잠재력을 혁명적으로 바꿔놓을 또 다른 도구를 설계하였는데, 그것이 바로 언어다. 언어는 사냥과 관련된 전략을 꾸미고 서로 대화하기 위해서, 그리고 사냥감이 무리 지어 있는 장소에 대해 알릴 수 있는 결정적인 도구였다. 다른 사람들에게도 물이 있는 곳을 설명할 수 있는 도구였고, 한 걸음 더 나아가 집단으로 미래에 대해 생각할 수 있게 해준 도구였다. 이 같은 도구에 대한 설계능력은 지속적으로 발전하였고, 그 결과 인류는 끊임없이 발전할 수 있었다. 지금 이 순간도 언어라는 도구 덕분에 다른 사람들이 글로써 전달해준 경험과 다양한 관점을 우리가 알 수 있는 것이다.

도구가 진화 발전한다는 것은 불변의 진리이며, 성공적인 도구는 인간을 발전할 수 있게 하고 어려운 것을 쉽게 해결해준다. 모든 직종과 일에서 인간은 망치, 못, 대걸레, 물통, 장갑, 메스, 칠판, 분필, 모니터, 키보드 등의 도구를 이용한다. 그러나 자식을 교육시키는 일에선 부모가 활용할 수 있는 도구가 별로 없다. 아이를 보호하고 돌보고 이동시키는 데 사용하는 유모차, 카시트, 해먹, 유아용 의자, 젖병, 턱받이, 공갈젖꼭지, 기저귀, 크림 등의 도구는 엄청나게 많다. 하지만 책과 교육용 완구를 제외한다면, 부모들은 양육이라는 어려운 작업을 좀 더 쉽게 만들어주는 도구를 실제로 소유하진 못했다. 앞에서 거론한 모니터, 키보드, 칠판, 분필은 변호사나 교사들에게 가장 기본적인 도구다. 그러나 이 두 직업군의 사람들에게 가장 멋진 도구는 다름 아닌 지식이다. 예컨대 변호사에게 가장 기본적인 작업도구는 형법과 판례이고, 교사에게는 교과목 지식과 함께 교육학, 심리학, 아이의 성장과 관련된 지식들이다.

그러면 부모가 아이를 교육시키는 데 사용할 도구는 어떤 게 있을까? 아주 복잡한 이 작업을 수행할 도구로 다섯 가지가 있다. 심리학자들과 교육이론가, 교육현장의 교사들과 신경과학자들은 지난 수세기 동안 이 도구들을 사용해왔다. 수십 년 전부터는 이 다섯 가지 도구의 기능과 근거를 연구해왔다. 분명한 것은, 이를 적절하게 사용한다면 균형 잡힌 두뇌 성장에 많은 기여를 할 수 있다는 점이다. 그러나 이를 사용하는 방법을 안다는 것만으로는 충분하지 않다. 훌륭하고 멋진 활용 솜씨를 획득하기 위해선 시간을 가지고 훈련을 해야만 한다. 언제 무엇을 사용해야 하는지 이해해야 하고, 각각의 도구가 지닌 장단점에 관심을 가져야 한다. 그런 다음에야 효과적으로 이를 활용할 능력을 갖게 되는 것이다.

5
인내와 이해

평화는 힘을 통해선 다가갈 수 없고, 오로지 이해를
통해서만 얻을 수 있다.

알베르트 아인슈타인

아기가 태어나는 순간부터 대략 18개월까지는 아이와 부모의 관계가 상대적으로 단순하다. 아이에게는 음식과 휴식 그리고 따뜻한 돌봄만이 필요하다. 이에 대해선 부모들 대부분이 완벽하게 이해하고 있다. 그러나 아이가 몸을 움직이기 시작하면서 말을 하고 욕망의 대상을 지키려고 고집을 부리면, 부모와 아이의 관계는 좀 더 복잡미묘하게 된다. 이유는 간단하다. 우리는 말을 하는 것이야말로 인간을 이성적인 존재로 만드는 것이라는 이야기를 수도 없이 들었다. 그래서 아이들이 어느 정도 말을 할 수 있게 되면 우리는 아이들에게 이성이 지닌 여러 가지 미덕(논리, 자제력, 책임감 같은)을 전해주기 시작하고, 아이가 이성적인 어른들처럼 사고하거나 행동하지 않으면 화를 낸다.

그러나 한 살이나 두 살, 혹은 세 살짜리 아이의 뇌는 어른의 뇌와는 상당히 차이가 난다. 부모들이 생각하는 것과는 달리 아이들이 당연히 할 수 있을 거로 생각하는 것 중에서 상당 부분은 아이들에겐 없는 능력이다. 아이들이 할 수 있는 것과 부모들이 할 수 있으리라고 믿는 것 사이에 존재하는 간극은 자주 오해와 짜증, 분노를 유발한다. 그러나 우리가 아이들 머리에서 무슨 일이 일어나고 있는지 조금만 더 이해한다면 얼마든지 이것을 피할 수 있다. 아이의 마음을 조금 더 잘 헤아려 매일매일의 생활에서 인내와 이해라는 기본 원칙을 적용할 수 있도록, 다음 세 장면을 통해 설명하고자 한다. 아이들 머릿속에서 일어나는 움직임을 확실하게 이해하게 되면 대다수 부모들의 대응 방식은 완전히 달라질 것이다.

슈퍼마켓에서 돌아오는 긴 여행

두 살 전후의 아이들은 집 주변과 공원에서 아장아장 쏘다니며 놀 줄 안다. 이때 아이들은 언제나 똑같은 모습, 즉 엄마 손을 놓고 모래밭이나 그네, 그리고 미끄럼틀에 관심을 보인다. 이것저것 한 번 다 살펴본 다음에 비로소 엄마가 앉아있는 벤치로 돌아온다. 그러나 금세 아이는 다시 공원을 탐색하기 위해 엄마 곁을 떠났다가, 탐험에서 발견한 돌멩이나 금속 조각을 엄마에게 가져온다. 똑같은 행동을 수없이 반복하면서, 아이는 오후 내내 걷고 또 걷는다.

아이와의 산책에 고무된 많은 부모는 이젠 유모차나 포대기를 버리고 걸어서 슈퍼마켓에 소풍을 갈 때가 되었다는 판단을 굳히게 된다. 슈퍼마켓까지 가는 여행은 어찌어찌 가능했을지 모른다. 하지만 돌아올 때가 되면 대개 아이들은 이젠 더 이상 걸으려고 하지 않고 자꾸만 안아달라고 보채기 시작한다. 대다수 부모는 아이가 노력은 하지 않고 자꾸 자기 마음 내키는 대로만 하려든다고 생각하기 마련이다. 어떻든 어제는 오후 내내 공원 여기저기 잘도 쏘다녔는데 말이다. 그 결과 화를 내거나, '꾀부리는 짓 좀 하지 마!' 혹은 '걸을 수는 있는데 걷기가 싫다는 거지.' 등의 비난이나 책망하는 투의 말을 내뱉게 된다.

위 두 장면에서 무엇을 알 수 있을까? 만일 아이의 뇌에서 어떤 일이 벌어지고 있는지를 직접 본다면, 전혀 다른 상황이 펼쳐지고 있다는 것을 알 것이다. 첫 번째 경우인 공원에서는 언제나 기준점으로서 엄마를 곁에 두고 자유롭게 탐색을 하면서 동심원을 그리며 돌아다니고 있다. 이런 행동을 할 때는 걷기에 필요한 평형감각이나 탐구욕이 조금만 있어도 충분히 가능한 일이다.

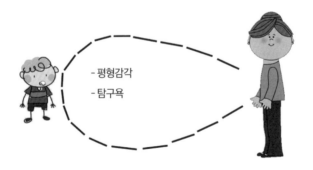

- 평형감각
- 탐구욕

그러나 슈퍼마켓에서 돌아올 때, 아이의 두뇌는 확연하게 다른 일을 해야 한다. 아이는 공원에서와 마찬가지로 평형감각이 필요하지만, 여기에 더해 집중력(엄마를 시야에서 놓치지 않기 위해서)과 끈기(피곤해도 멈추지 않는)를 보여주어야 한다. 뿐만 아니라, 가장 어려운 것이 이것인데, 공원에서와는 달리 한눈팔지 않고 엄마를 쫓아가는 것에 집중하기 위해서는 호기심과 탐구욕을 억제해야만 한다. 당신도 알겠지만, 뇌 차원에서 봤을 때, 이는 훨씬 더 복잡하고 피곤한 작업이다. 슈퍼마켓에 가는 길 자체가 이미 아이를 지치게 만든 힘든 운동이었기에, 슈퍼마켓에서 돌아올 때는 스스로 걷기 힘들 수밖에 없다.

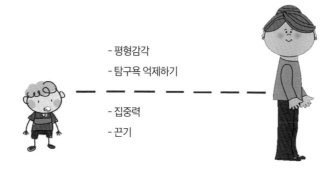

- 평형감각
- 탐구욕 억제하기
- 집중력
- 끈기

다른 많은 경우처럼 부모가 조금만 너그럽게 이해해준다면 아주 단순한 방법으로도 어려운 상황을 슬기롭게 해결할 수 있다. 손을 잡아준다든지 유모차나 포대기를 이용한다든지, 아니면 앉아서 잠시 쉬었다가 다시 걷는다든지 하는 방법을 사용하면 된다.

저녁 식사 시간

아이가 있는 가정에선 점심이나 저녁 식사 시간이 정말 힘들 수 있다. 아이의 뇌가 보여주는 두 가지 생각, 즉 음식에 매우 조심스럽게 접근해야 하며 조금씩 조금씩 먹어보겠다는 생각은 모든 것을 빨리 다 먹어치우기를 원하는 부모의 소망과 정면으로 충돌한다. 아이가 이를 거부할 때 부모는 별 효용도 없으면서 짜증스러운 다음의 두 가지 전략에 매달린다.

첫 번째는 아이가 먹기 싫어하는 음식을 강제로 먹게 하는 것이다. 이에 관한 연구는 음식에 대한 강한 거부감을 유발시킨다는 것을 명확하게 보여주고 있다. 누구라도 자신에게 고통을 안겨준 음식을 거부하는 것은 당연하다. 또 보통의 아이가 채소 같은 녹색 음식을 거부하는 것도 당연하다. 음식이 부패하거나 상태가 좋지 못하면 채소들처럼 색이 어두워지고 쓴맛이 강해진다는 것을 뇌는 본능적으로 알기 때문이다. 그러나 부모들은 성장과 건강을 위해 필요하기 때문에 아이들이 채소를 즐겨 먹기를 원한다. 하지만 억지로 먹이는 경우 아이들은 먹자마자 토해 버리고 만다. 결코 좋은 해결책이 아니다. 만일 당신에게 싫은 사람과 키스하라고 강요한다면 키스를 마치자마자 역겨워질 것이 분명하다. 혐오감마저 들 것이다. 성인의 뇌에서 성욕을 통제하는 부분과 식욕을 통제하는 부분이 바로 이웃해 있는데 작동 방식도 유사하다. 선험적으로 불쾌한 음식과 관련하여 어떤 형태로든 강요를 받았다면, 경우에 따라 평생 강하게 거부하도록 프로그램

된다. 유년시절 시금치나 양배추를 억지로 먹었던 기억 때문에 어른이 되어서도 먹는 것은 고사하고 보기도 싫을 수 있다.

이 문제를 해결할 좋은 방법이 있을까? 상식적이지만 좀 더 효과적인 전략은 다음의 7가지다. 음식과 관련하여 이런 방법을 적극적으로 사용해보자.

1) 유혹은 큰데 건강에는 좋지 않은 음식을 집에서 없애기.(비스킷, 짭짤한 감자튀김, 모든 사탕 종류 등)

2) 채소 먹는 것을 아이들도 따라 배울 수 있게 모두 함께 식사하기.

3) 아이가 냄새와 모양에 적응이 되도록 늘 식탁에 채소 준비해놓기.

4) 아이가 스스로, 즉 자기 손으로 적당한 양을 가져가도록 놔두기.('적든 많든 각자 마음대로 덜어 가면 돼. 하지만 반드시 조금이라도 접시에 담아야 해. 그게 우리 집 규칙이야.')

5) 점진적으로 입맛을 길들이기 위해 아주 조금만 덜어주기.

6) 새로운 음식은 아주 조금이라도, 다시 말해 쌀 한 톨 정도만이라도 먹게 하여 뇌가 단계적으로 그 맛에 적응할 수 있게 분위기 띄워주기.(절대로 강요해선 안 됨)

7) 가장 중요한 것일 수 있는데, 식탁에서 조금은 느슨하고 이완된 분위기를 조성해서 아이들이 포근함이나 즐거운 오락의 감정과 건강한 음식을 하나로 연결할 수 있도록 도와주기.

대다수 부모들이 식사 시간에 사용하는 두 번째 전략은 접시를

다 비우도록 강요하거나, 먹고 싶은 정도 이상으로 먹게 만드는 것이다. 이에 관한 연구 역시 명확한 결과를 보여준다. 아이들은 자신이 먹어야 할 음식의 양을 어른들보다 더 정확하게 알고 있다. 영양적 측면에서 아이들에게 필요한 표준 음식량은 대략 아이들이 접시에 가져간 음식의 절반 정도와 비슷하다. 부모가 먹기를 기대하는 음식량과는 상당한 거리가 있다. 달리 표현하면 아이들이 가져간 음식의 절반 정도만 먹으면 신체가 요구하는 열량 공급에 충분하며, 그 정도면 정상이라고 할 수 있다. 당연히 몸무게가 12kg쯤 되는 세 살 아이가 80kg 체중을 가진 어른과 똑같은 양을 먹을 이유가 없다. 게다가 중요한 점은 아이들의 위는 아주 작아서 어른들보다 훨씬 더 빨리 채워지고 또 빨리 비워진다는 사실이다. 그렇기 때문에 아이들은 금세 음식에 물렸다가도 또 금세 뭘 먹고 싶어 하는 것이다.

아이들에게 언제나 더 많이 먹을 것을 강요하는 우리 세대 부모들이 고수하고 있는 이런 습성이 어디에서 비롯되었을까? 아마도 먹고 살기 어려웠던 시절로부터 배운 것이라는 설명이 가장 그럴듯하다. 언제나 배고픔을 참아야만 했고, 고기나 생선 그리고 야채를 매일매일 먹을 수 없던 시절에는 아이의 입에 넣어줄 먹거리가 그 다음 날에도 있으리라 보장할 수 없었다. 그러나 다행히 시대가 바뀌었다. 요즘은 대부분 가정에서 다음 날에 아이가 먹을 것이 있을까 걱정하지 않아도 된다. 그러므로 얼마나 먹어야 할지 정하는 데 아이들의 감각을 믿어도 된다. 아이 스스로 어렸을 적부터 식욕을 적절하게 통제하는 것이 가장 좋은 방법이다.

막무가내로 떼쓰기

모든 부모가 (그리고 아이들이) 반드시 한 번쯤은 경험하게 되는 장면은 아이가 막무가내로 떼를 쓰는 것이다. 떼를 쓰는 것은 전 세계 모든 나라, 모든 문화권의, 거의 모든 아이들에게 일어나는 보편적인 현상이다. 그러나 부모 대부분은 어떻게 대처해야 좋을지 잘 모를 뿐만 아니라, 상당수 부모는 아이가 경기를 일으킬 정도로 심하게 떼를 쓰면 아이에게 넌더리를 치거나 창피하게 여기고 이를 막기 위해 갖은 방법을 다 동원한다. 슈퍼마켓의 점원 앞에서 협박하기도 하고, 소리쳐 혼내기도 하고, 감정을 앞세워서 아이를 멀찌감치 떨어뜨려 놓음으로써 곤경에 빠트리기도 한다. 아이들이 이러한 행동을 하는 이유는 아마 어른들의 관심을 유발할 수 있기 때문일 것이다. 두 살짜리 아이가 달리할 수 있는 것이 거의 없다는 사실을 상기할 필요가 있다.

그럼 왜 보채거나 떼를 쓰는지부터 살펴보자. 두 살 전후의 아이는 자신의 욕구를 정교하게 만들어내는 정신적 능력을 갖추기 시작하는데, 이와 동시에 전두엽은 목적 달성을 위해 집요하게 고집 피우는 능력을 키운다. 그렇다 보니 이 나이가 되면 대부분의 아이가 떼를 쓰기 시작한다. 아이는 마음에 드는 것을 보면, 그것을 가지고 노는 것을 상상하게 되고, 그것을 얻기 위해 싸우고 고집을 피우게 된다. 엄마 아빠는 아이의 관심을 다른 곳으로 돌리려고 시도해보지만 통하지 않는다. 좀 더 단호하고 명확하게 '안돼!'라고 말하는 것 외에는 달리 선택지가 없다. 부모가 부드럽게 이야기하고 있지만 거절을 철회하지 않을 것 같다는 생각을 하게 되면, 아이의 뇌는 즉각적으로 전면적인 떼쓰기 전략에 돌입한다. 아이의 상상력과 고집으로 촉발된 감정의 관성이, 관심을 다른 쪽으로 돌리고 마음을 진정시키려는 부모의 시도와 정면으로 충돌하고 있다. 뿐만 아니라, 아이는 원하는 물건은 물론 심리적 안정도 얻을 수 없다는 좌절감과도 부딪친다. 이 모든 것은 에너지의 엄청난 쇼크 상태, 즉 막무가내식의 떼쓰기를 유발한다. 설혹 아이가 욕구에 저항할 수 있는 건강한 정신력을 갖췄다고 하더라도, 두 살 즈음에 발달하는 고집스런 행동이나 주장을 도와주는 뉴런은 행동과 감정을 억제하는 뉴런과 달라서 좌절감을 진정시킬 수 없다. 두 번째 뉴런, 즉 억제 뉴런은 대략 네 살까지는 발달하지 않는다. 아무리 협박하고 꾸짖어도 아직 억제 뉴런이 제대로 발달하지 않은 두 살 남짓한 아이에겐 전적으로 통제가 불가능하다. 사실 좌절 같은 격한 감정을 진정시키는 것은 어른에게도 상당히 어려운 과제이다.

아이는 결국 울음을 터트릴 것이고, 최후의 결전으로 악을 쓰며 발버둥을 친다. 이는 뇌가 '행동' 뉴런에 쌓인 모든 에너지를 소모하기 위한 것인데, 에너지의 소모와 함께 조금씩 마음을 진정시키는 것이다. 많은 부모는 이러한 몸짓을 일종의 연극이나 술책, 잔꾀로 해석하기 때문에, 더욱 화를 낸다. 그러나 사실은 아이가 악을 쓰며 울거나 발버둥 치는 것은 원하는 것을 얻기 위해서가 아니라 뇌에 쌓인 에너지를 풀어 마음을 가라앉히기 위한 것이다.

따라서 부모가 화를 내는 것은 아이에게 또 다른 과제가 되어 상황을 더욱 어렵게 만든다. 기대를 지우는 데서 생기는 화를 삭이는 것과 동시에, 인상을 쓰면서 싫은 소리를 던지는 부모의 화도 견뎌야 하기 때문이다. 사실 이런 상황이 아이에게는 힘들고 기분 나쁜 경험이다. 그러므로 부모가 취할 가장 좋은 방법은 화를 내서 아이를 더 힘들게 만들지 않는 것이다. 물론 아이의 요구에 굴복해서도 안 되고 차분하게 인내심을 가지고 가던 길을 계속 가는 것이 최선이다.

1. **아이에게 설명하라.** 일반적으로 설명은 크게 효과적이진 않지만, 아이의 논리적인 능력을 개발하는 데에는 도움이 된다. 드물지만 큰 효과를 얻을 때도 있다. 그럴 때는 아이나 부모는 흥분을 가라앉히고 곧 마음을 진정시키게 된다. 한 가지 분명한 것은 설명을 하라는 것이지 설득이나 압력을 가하는 것은 아니라는 점이다. 한 번 설명으로, 혹은 두 번 설명으로도 아이의 화를 가라앉히지 못했다면, 다음 단계로 넘어가라.

2. **시간을 줘라.** 아이가 화를 가라앉히지 못하고 있다면 우리가 할 수 있는 유일한 방법은 잠깐 시간이 흐르게 놔두는 것이다. 뇌에 쌓인 에너지를 해소하도록 아이에게 충분한 시간을 주는 것이 중요하다. 절대로 서두르면 안 된다.

3. **멀리 가지 마라.** 아이는 부모 없이 살 수 없다. 그러므로 "엄마는 혼자 집에 갈 거야."라는 협박성 말을 남기고 아이 곁을 떠나는 것은 아이에게 극심한 두려움을 준다. 게다가 다음번에

도 당신의 대응을 기억해내 더 심하게 고통 받음으로써 더 심하게 발버둥치는 결과를 초래할 것이다.

4. **공감을 이용하라.** 이야기를 들을 만큼 충분히 아이 마음이 가라앉으면 공감을 이용하라. "조금 더 놀고 싶었나 보네. 그런 거야?"와 같은 아주 간단한 말을 던지면 된다. 부모가 자기 마음을 이해하고 있다는 것을 아이가 느낄 수 있게 한다면 아이는 금세 차분해질 것이다.

5. **손을 내밀어라.** 아이가 당신에게 손을 잡아주기를 원하거나, 혹은 아이가 좀 마음이 가라앉은 것 같으면 손을 내밀어라. 잡지 않겠다고 고집을 부릴 때는 억지로 잡으라고 강요하지 마라. 아이가 손을 잡길 원하거나 잡아도 가만있으면, 꼬옥 안아주거나 잠시라도 보듬어주는 것으로 마무리 지어라. 해피엔딩은 아이의 좋은 성격 형성에 절대 나쁘지 않다는 것을 잘 기억하라.

떼를 쓰는 것은 두 살에서 네 살이나 다섯 살 사이의 아이들에

소리를 지르거나, 혼내거나, 모욕을 주거나, 버리고 가지 말고 다음과 같은 방법을 시도하라.

- 이유를 설명하라.
- 계속 옆에 있어라.
- 쌓인 에너지를 발산할 수 있도록 시간을 줘라.
- 아이와 공감을 나누고, 부모 역시 아이의 마음을 이해하고 있다는 것을 알려줘라.
- 아이가 손잡기를 원하거나, 좀 진정되었다는 생각이 들면 손을 내밀어라.

게는 자연스러울 뿐만 아니라 긍정적인 행동이다. 이 시기 아이들의 뇌는 이미 조금 더 효과적으로 좌절감을 가라앉힐 수 있는 능력을 지니고 있다. 한 살짜리 아이의 뇌와 비교해 봤을 때, 훨씬 바람직한 방향으로 발전해 나가고 있으며, 상상력과 욕구 그리고 고집의 크기 역시 더 커졌다는 것을 알 수 있다. 슈퍼마켓으로 마실 나갔을 때나 저녁 식사 시간에 아이의 이런 행동을 접했을 때, 넓은 이해심과 차분한 인내심을 발휘한다면 아이와의 갈등을 좀 더 빨리 해결할 수 있을 뿐만 아니라, 아이가 당신을 꼭 필요로 할 때 아이 곁에 있게 되는 셈이다.

기억합시다

아이에게 어른들이 가지고 있는 정신적 능력을 기대해서는 안 되고, 사실 그런 능력을 가지고 있지도 않다. 그러므로 아이의 행동을 어른과 똑같은 자로 재서는 안 된다. 아이들의 능력을 키워주는 것은 아주 점진적으로 나아가는 하나의 과정이기에 우리에게 많은 이해력과 인내를 요구한다. 이해와 인내, 이 두 가지 능력은 아이의 뇌가 정한 리듬에 맞춰 발전할 수 있도록 필요한 시간을 벌어줄 것이며, 아이와의 관계도 나빠지지 않도록 도와줄 것이다.

6
공감

타인의 눈으로 세상을 바라볼 수 있는 능력보다 더
큰 기적이 있을까?

헨리 데이비드 소로

아이를 교육하고 성장을 도와줘야 할 시기에 부모에게 가장 중요
한 능력을 하나만 뽑는다면, 나는 공감을 선택할 것이다. 아이의
정서발달에 타인의 이해가, 또 이해받고 있다는 느낌이 매우 중
요하다. 이는 수많은 연구들이 확인한 사실이다.

뇌는 본질적으로 위대한 정보처리 장치이다. 전화기를 손으로
잡고 눈으로 보고 귀로 들어보면서, 뇌는 전화기가 실제로 존재
한다는 것을 인지한다. 석쇠에 굽고 있는 안심 스테이크의 냄새
를 맡고 맛을 보면서 뇌는 이것이 현실이라는 것을 알게 된다. 마
찬가지로, 아기들이 엄마의 젖을 먹을 때 다음 두 가지, 즉 1) 엄
마가 실제로 존재한다는 것, 2) 젖을 먹은 다음에는 배고픔이 사

—— 미국의 철학자·시인·수필가. 대표작으로 〈월든〉〈시민의 불복종〉이 있다.

라지기 때문에 배고픔 역시 진짜로 존재하는 것이라는 사실을 알 게 된다.

바깥 세상에 존재하는 물건이라면 아이에게 검증과 처리가 어렵지 않다. 손을 뻗으면 만질 수 있고, 냄새를 맡을 수 있으며, 흔들었을 때 무슨 소리가 나는지 들을 수 있기 때문이다. 그렇지만 감정이나 감성은 그렇지 않다. 손에 잡히지 않아 확인 자체가 어렵다. 아이들이 자신의 감정과 감성이 실재한다는 걸 알 수 있는 유일한 방법은 아이의 감정에 적절하게 응답할 줄 아는 어른을 곁에 두는 것이다.

이 아이디어는 매우 간단하지만 아이들의 정서발달에 커다란 영향을 미친다. 가장 최근에 발표된 연구에 의하면, 적절한 방법으로 (아이를 잘 이해하고 있고 언제든지 보살펴줄 거라는 사실을 알게 함으로써) 응답하는 것이야말로 아이의 안정애착을 확실하게 발달시키는 데 가장 중요하다. 안정애착은 아이가 세상에 대해 가지는 믿음의 수준이다. 스스로 발전하기 위한 자원과 능력을 곧 갖추게 될 거라는 느낌이며, 문제가 생길 경우 반드시 도움을 받을 거라는 믿음인 것이다. 다른 말로 아이의 정서적 신뢰라고 할 수 있다.

배가 고픈 아기를 돌볼 때 아기가 돌봄을 받고 있다고 느끼게 함으로써 아이의 믿음을 강화할 수 있다. 한 살짜리 아이가 경기를 할 때 우리가 바로 알아차리고 안아준다면, 아이는 믿음을 강화할 수 있다. 부모가 언제든 자기를 돌봐줄 거라는 사실을 알게 되었고, 자기가 느낀 두려움이 실재한다는 것을 확인했기 때문이다. 아이가 커갈수록 욕구에 응답하는 것이 그리 간단하지 않다. 아이의 욕구가 원초적인(배고픔, 두려움, 졸림) 것을 벗어나, 좀 더 감성적이고 이해하기 어려운 복잡한 것으로 변하기 때문이다. 예를 들어 갓 태어난 남동생에 적응하지 못하고 있는 세 살짜리 여자아이는 질투를 행동으로 표현할 수도 있고 "동생이 없어졌으면 좋겠어요." 같은 부모로선 듣기 불편한 말을 꺼낼 수도 있다. 이 경우 정보를 처리하는 아이의 뇌 입장에서 처한 현실에 맞게 대응해주는 것이 필요한데, 대다수 부모의 반응은 오히려 화를 내거나 아이에게 자신의 행동을 깊이 반성할 것을 요구한다. 이 상황에서 가장 적절한 것은 다음과 같이 반응하는 것이다.

- 동생이 너무 미워요.
- 그렇구나. 엄마가 아기하고만 시간을 보내는 것이 맘에 안 드는 거니?
- 맞아요…. (시무룩함이 좀 줄어든다.)
- 엄마가 너를 신경 쓰지 않을까봐 싫은가 보네.
- 맞아요! (기분이 많이 풀어졌다.)
- 그럼 지금 꿈나라에 간 꼬맹이는 잠시 아빠에게 맡기고 우리 둘이서 공원에 다녀올까?
- 좋아요오요! (이젠 정말 기분이 좋아진다.)

이 사례처럼 공감을 통해 아이의 감정에 대응한다면 아이는 자기감정이 실재한다는 것을 이해하게 되고, 스스로 감정을 가라앉힐 수 있다. 이번 장에서는 아이가 감정을 표현했을 때 공감을 사용하여 아이를 이해하고 돌보는 방법을 배울 것이다. 또한, 아이가 스스로 감정지능을 키울 수 있도록, 그리고 감정과잉 상태에서 스스로 감정을 다스릴 수 있도록 하는 데 공감을 어떤 식으로 사용하는지 배울 것이다. 먼저 공감이 어떤 것인지부터 좀 더 확실하게 알아보자.

공감이란 무엇일까

공감은 심리학자들이 타인의 입장이 되어 보는 능력을 거론하기 위해 사용하는 단어다. '공감 empathy'의 어원은 그리스어로 장소를 의미하는 em과 고통과 감정을 의미하는 pathos이다. 두 사람이 감정의 일치를 보이는 동감과는 달리, 이해는 있지만 감정의 일치는 없는 것이 공감이다. 한 마디로 공감은 타인의 입장에서보는 것, 타인의 감정을 이해하는 능력이다. 예를 들어보자. 부모와 아이가 똑같이 초콜릿을 정말 좋아한다면, 선물로 받은 초콜릿에 아이가 좋아서 어쩔 줄 모르는 것을 보았을 때 부모는 아이의 감정에 '동감'할 것이다. 한편, 아이는 사탕을 정말 좋아하는데 부모는 그렇지 않은 경우, 아이가 사탕 봉지 앞에서 펄쩍펄쩍 뛰는 것을 보면서 부모가 '공감'할 수 있다. 아이처럼 사탕 때문에 가슴이 벅차지는 않아도 아이 마음을 잘 알고 있기 때문에 덩달아 즐거워질 것이다.

동감

일치

공감

일치는 없지만, 이해는 한다.

공감은 아이가 슬픔이나 좌절, 분노, 질투심 같은 감정이 북받치는 상황에서 아이를 진정시키는 역할과 함께, 아이가 감정지능을 키우는 데 도움을 주기도 한다. 공감하는 태도로 아이의 이야기를 들어주게 되면 아이가 스스로 깨닫고 감정과 생각을 연결시킬 수 있게 된다. 한 마디로 공감은 아이가 세상에 태어나는 순간부터 우리가 사용해온, 자기이해(자기인식)와 자기수용으로 들어가는 문이다. 아기가 울 때마다 엄마가 젖을 주는 행위에는, 두 가지가 동시에 일어난다. 첫째는 엄마가 아기의 욕구에 대해 공감 어린 응답을 한 것이고, 둘째는 아기가 약간의 젖이 자신의 불안감을 가라앉힌다는 것을 이해하기 시작한다는 것. 아기는 자신에 대한 간단한 학습을 통해 자기인식이라는 여정으로 접어들게 된다. 배가 아픈 것은 배가 고프다는 것을 의미하며, 약간의 음식만 먹으면 바로 가라앉는다는 사실을 알게 된다. 그러나 이것은 절대로 끝이 나지 않는 여행이다. 우리는 자신에게 어떤 일이 일어났는지 모르면서, 혹은 어떻게 해야 풀리는지 모르면서, 매일 화가 치밀어 오르거나 즐겁거나 기분 나쁘거나 슬프거나 예민해지는 감정을 경험한다. 아이의 감정을 살필 수 있고, 감정에 휩싸일 때마다 공감을 해줄 수 있는 사람이 부모다. 그러므로 당신은 아이와 함께 공감의 여행을 떠날 기회를 맞은 셈이다. 우리가 살아가는 동안 순간순간 끝없이 이어지는 대화는 아이들에게 이해와 믿음을 심어주는 데 엄청나게 크게 이바지한다. 그러므로 아이들이 뭔가를 요구할 때엔 귀를 쫑긋 세워야 한다. 이것이야말로 부모로서 할 수 있는 가장 중요한 일일 가능성이 크다. 결과적으로 아이는 스스로 마음을 다스려 두려움과 고민을 극복할 테고, 덕분에 자신감은 더 커지고 당신과의 관계는 더 돈독해진다.

공감이 먹히는 이유

아이의 두뇌에는 두 개의 우주가 있다. 어른도 마찬가지다. 감정 뇌와 이성 뇌가 바로 그것인데, 두 개의 세계는 서로 독립적으로 활동한다. 아이의 뇌에서 격한 감정이 일어날 때 이를 통제하는 것은 불가능할 수 있다. 고삐 풀린 망아지와 같아서, 부모나 교사, 아이 자신조차도 감정을 가라앉힐 수 없다. 바로 이럴 때 공감이 강력한 도구가 되는데, 그 이유는 공감 어린 말을 들었을 때 두뇌에서 놀라운 일이 일어나기 때문이다. 이성 뇌와 감정 뇌가 공명을 일으켜 감정 뇌에 진정효과를 불러일으킨다. 이는 공감적인 대답이 두 세계를 연결하는 다리 부위를 활성화하기 때문이다.

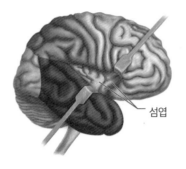

섬엽
- 맛과 후각
- 신체적인 신호 해석하기
- 감정 파악하기
- 감정 경험하기
  - 사랑
  - 역겨움
  - 증오
  - 슬픔

섬엽

이 다리 역할을 하는 영역은 감정 뇌와 이성 뇌 사이의 전략적인 부위에 위치하며 깊은 주름 속에 숨어 있다. 측두엽, 두정엽, 전두엽을 헤치고 들어가야 접근할 수 있다. 두 세계 사이에 존재하는 이 외딴 부위를 '섬엽'이라고 한다.

감정 뇌 영역이 좌절이나 슬픔 혹은 또 다른 형태의 격한 감정에 의해 지나치게 자극을 받으면 아이는 흥분된 상태를 제어할 수 없게 된다. 이 경우 부모 말을 안 듣거나 받아들이기 힘든 언행을 하기도 한다. 그야말로 이성을 잃어버리게 되는 것이다. 아이를 진정시켜 이성적인 행동을 유도하기 위한 가장 좋은 전략은, 격한 감정을 풀어줄 수 있는 공감 어린 포옹과 함께 두 세계를 연결하는 다리를 열어줄 몇 마디를 하는 것이다. 아이의 이성 뇌가 자신의 감정을 가라앉힐 수 있도록, 최소한 부모의 말을 들을 수 있게 하는 것이다.

공감하는 마음으로 교육하기

두뇌개발의 도구로 공감을 내세울 때 가장 어려운 문제는 대부분의 부모들이 자기감정을 조절하는 데 너무나 많은 문제를 가지고 있다는 점이다. 감정에 대한 지식도 많이 부족하다. 어른들 역시 자주 감정이 격해지거나 감정을 통제할 수 없는 상황에 접한다. 별다른 이유도 없이 분노와 슬픔, 좌절을 느낄 때도 있다. 지금 어떤 감정을 느끼고 있는지 이해할 수도 없고, 무엇 때문에 그런 기분을 느끼는지도 모를 때가 많다. 그러나 극소수의 사람들은 자기감정이나 정서, 욕구를 정확하게 이해할 능력을 갖추었으며, 지혜롭게 행동할 줄 안다. 이런 사람들은 아이의 감정교육에 분명한 장점이 있다. 이들은 자기 자신과 감정의 세계에 대해 깊은 성찰이 선행되었다. 하지만 보통의 어른들에겐 감정교육 자체가, 마치 문맹 교사가 학생들에게 읽는 것을 가르치는 것과 마찬가지로 정말 어려운 일이다.

사실 우리는 감정과 감성을 담아내는 100여 개의 단어를 알고 있다. 그렇지만 일상에서 그것들을 사용하진 않는다. 이유 중 하나는 현실에서 감정을 공개적으로 이야기하는 것이 적절치 않다고 생각하기 때문이다. 다른 이유는 명확하게 지각하지 못하는 감정에 구체적인 단어를 콕 집어 사용할 수 없기 때문이다. 다행히 시대가 바뀌었다. 지금은 우리가 진솔한 자기 감정과 자주 접하면 많은 장점이 있다는 것을 안다. 가장 큰 장점은 감정지능을 높인다는 것.

공감 능력을 키우고 공감이 어떤 식으로 작용하는가를 배우고 싶은 학생들에게 나는 감정의 세계란 아주 큰 라디오와 같다고 말한다. 라디오에는 다양한 주파수의 방송이 있고, 가장 기초적인 감정들을 내보내고 있다. 각각의 주파수에서 나오는 방송은 높거나 낮은 볼륨으로 들을 수 있는데, 처벌과 슬픔은 감정적으로 같은 주파수대에 속하지만 벌이 좀 더 볼륨이 낮다. 기쁨과 도취적 행복감 역시 같은 주파수대에 있으며, 이 경우엔 도취적 행복이 훨씬 볼륨이 높다. 효과적인 공감을 담은 대화를 할 때에는 타인이 느끼고 있는 감정과 같은 주파수대에 맞추는 것이 매우 중요하다. 또한 볼륨의 세기까지도 동조시켜야 한다. 토요일 밤 축제에 참여한 20대라고 상상해보자. 만약 주최자가 밤새 아라곤 지방의 춤곡만 튼다면 참가자들의 기분과 음악이 동조되지 않는다. 오히려 참가자들은 기분이 가라앉아 축제장을 떠날 것이다. 음악이 모두가 바라는 '록'이라 하더라도 소리가 너무 작아서 사람들의 웅성거림 속에 파묻힌다면 결과는 같을 것이다. 아이와 공감하고 싶다면 아이의 감정에 주파수를 맞추는 것이 중요하다. 주파수와 볼륨을 함께. 아이가 모아놓은 딱지를 잃어버려서 대성통곡하고 있는데, 잘못 간수한 걸 탓한다면 동조가 일어날 리 없다. 공감하는 태도가 아니기 때문이다. 아이의 감정이 슬픔의 주파수인데 화가 났다고 말한다면 이것 역시 제대로 반응한 것이 아니다. 아이가 마음의 문을 열고 감정을 추스르도록 돕고 싶다면, 아이가 '아주아주 슬픈,' 혹은 '침통한' 감정을 느끼는 것이 너무나 당연하다고 받아들여야 한다. 뿐만 아니라 슬픔을 담아 따뜻하게 안아주어야 한다.

마누엘라가 달팽이를 새 애완동물로 막 입양해 행복한 얼굴로 가족 모두에게 보여주었을 때, '기분 좋은 모양이구나.' 정도로 말해서는 안 된다. 볼륨이 좀 약하기 때문이다. 부모가 기쁨을 한껏 드러내는 말투로 이야기하는 것이 바람직하다.

"마누엘라, 새 애완동물이 엄청 맘에 드는 모양이네, 정말 그래?"

이렇게 말한다면, 마누엘라도 부모가 진심으로 이해한다는 느낌을 받을 수 있다. 그러면 '새 친구를 들일 계획부터 어떤 집을 지어줄지, 어떤 음식을 줄지' 같은 얘기도 하게 될 것이다.

다음 표에는 50여 가지의 감정과 느낌이 포함되어 있다. 인간 감정의 목록은 이보다 훨씬 더 많을 뿐 아니라, 아이들의 감정 표현에서는 분명 이와는 다른 색깔들도 발견할 수 있을 것이다. 이 50여 가지의 감정만으로도 아이들과 다양한 주제를 만들어 이야기할 수 있다. 아이를 진정시키거나 아이에게 감정을 가르치는 데도 충분한 감정 목록이 될 수 있다. 여기서는 '긍정적인' 감정과 '부정적인' 감정으로 분류하지 않았다. 이유는 간단하다. 모든 감정은 그 자체로 긍정적이기 때문이다. 따라서 아이들의 감정을 인정하고 그들의 세계에 있는 그대로 담아내는 것이 매우 중요하다. 모든 감정이 중요하기 때문에 어떤 감정에도 낙인을 찍어서는 안 된다. 특정 상황에서 분노는 우리로 하여금 생존을 위한 투쟁에 나설 수 있게 해준다. 좌절은 다음에 좀 더 잘할 수 있게 도

유쾌한 감정

	평온	기쁨	사랑	동기	만족감
주파수					
편안한	유쾌한	동감	관심이 생긴	흐뭇한
평온한	기쁜	친밀	흥미를 느끼는	우쭐한
안락한	가슴 부푼	달콤함	감동적인	만족한
긴장이 완전히	행복한	좋아함	환상적인	흡족한
풀어진	도취된	사랑	몰두한	
		격정	심취한	

강도 (− / +)

불쾌한 감정

	화	신경질	두려움	좌절	슬픔	피곤함
주파수						
격분	신경이 곤두선	공포	격노	침통한	녹초가 된
화	흥분	깜짝 놀란	좌절	고통스러운	지친
짜증	불안	걱정	속상한	슬픈	피곤한
성가신		우려되는		실망한	따분한
불쾌한		꺼려지는		괴로운	
		신경이 쓰이는		유감스러운	

강도 (+ / −)

와준다. 슬픔은 사물들의 아름다움을 인식할 수 있게 하며 자신의 욕구를 평가할 수 있게 한다. 나아가 타인의 감정을 이해할 수 있게 해준다.

연습해봅시다

엄청 화가 난 디에고가 엄마에게 말했다: "나는 동생이 진짜 미워요!"
이렇게 말하지 말자: "동생을 미워해선 안 돼! 동생을 사랑해야지!"
이렇게 말해본다: "그래! 엄마가 동생하고만 시간을 많이 보내니까 많이 화났구나. 그치? 엄마가 너하고 더 많은 시간을 보내면 좋겠는데 말이야."

마리아가 기분이 언짢다. 공원에 가고 싶은데 비가 내리고 있다. 마리아가 목 놓아 울기 시작했다. 5분 동안 계속 울었다.
이렇게 말하지 말자: "마리아, 뚝 그쳐! 이리와. 이제 그만 울어! 며칠 있다가 공원에 놀러 가면 되잖아."
이렇게 말해본다: "아이고! 우리 아기 화났구나! 그치? 정말 공원에 가고 싶었을 텐데 말이지."

알레한드로는 정말 심하게 화가 났다. 막대사탕을 사주길 원했는데 엄마가 그냥 슈퍼마켓에서 나가려고 하고 있었다.
이렇게 말하지 말자: "알레한드로, 그만 울어! 절대로 막대사탕은 안 돼!"
이렇게 말해본다: "그래, 화가 날 거야. 엄마가 막대사탕 사줬으면 했을 테니까."

에스트레야는 학교에서 슬픈 표정으로 집에 돌아왔다. 무엇 때문이라고 설명할 수는 없었다.

이렇게 말하지 말자: "에스트레야, 이리 오렴! 기운 내! 공주놀이
하고 싶니?"

이렇게 말해본다: "슬픈 모양이네. 그렇지?" "예, 조금요." "그래
얼굴이 좀 힘들어 보인다."

화가 난 채 슈퍼마켓에서 줄을 서 있는 아이에게 공감을 담은
한 마디를 던졌다고 즉시 아이의 분노가 가라앉진 않는다. 아이
에게 공감 어린 반응을 계속해서 몇 번은 보여야 한다. 아이를 진
정시키고 기운을 북돋아주면서. 처음 건넨 공감의 말 한 마디로
아이의 관심을 끌 수 있지만, 아이가 불쾌감을 충분히 낮추기 위
해선 4-5차례 공감의 노력이 더 필요하다.

공감은 단어로만 표현되는 것이 아니다. 이해하겠다는 눈길이
나 쓰다듬어 주는 것, 입맞춤, 안아주는 것이 말보다 더 많은 것
을 전해준다. 몸으로 애정을 보여주며 아이와 감정을 나누는 것
을 주저하지 말자. 아이의 손을 잡고 뽀뽀를 하거나 따뜻하게 안
아준다. 그러면 아이는 자기가 이해받고 있다는 것을 느끼고 마
음을 진정시킨다.

공감의 자세로 아이의 말을 경청하기 위해서는 어른들의 세계
와 선을 긋는 것이, 즉 어른들만의 주의와 편견에서 벗어나는 것
이 중요하다. 아이의 눈높이에 맞춰야 한다. 어린아이의 정신세계
로 들어가 아이가 느끼는 것처럼 생각하려고 노력해야 한다. 입
장을 바꿔놓고 고민해야 한다. 질투는 힘이 세다. 이 세상에서 가

장 좋아하는 사람이, 내가 아닌 다른 사람과 매일 저녁 다정한 시간을 보내고 있다면, 어떤 느낌이 들까? 아이 역시 이 세상에서 가장 사랑하는 엄마가 태어난 지 얼마 안 되는 동생과 더 많은 시간을 보내고 있는 것을 보면 비슷한 느낌을 가질 것이다.

기억합시다

공감은 아이에게 안전하다는 느낌과 좋은 자존감을 형성하는 데 매우 가치 있는 도구다. 공감은 아이의 이성 뇌와 감정 뇌를 연결시켜준다. 모든 감정은 중요하고 가치가 있다. 아이의 이야기를 공감으로 경청해주면 아이 스스로 자기 감정을 확인할 수 있을 뿐 아니라 감정지능이 높아진다. 공감은 아이가 참고 견딜 수 있게 해준다. 공감은 고민, 분노, 좌절로 인해 감정이 북받치는 상황에서 마음을 가라앉히는 유용한 도구다.

7
동기유발, 혹은 긍정 행동의 강화

느리더라도 성장하는 사람의 동기를 꺾어선
안 된다.

플라톤

인간은 동기에 의해 움직인다. 직장 상사도 동기에 의해 움직이
며, 친구도 동기에 의해 움직이고, 우리 모두 동기가 가진 기능에
의해서 행동한다. 여기에는 지식 획득, 돈 벌기, 다른 사람에게 매
력적인 사람이 되고 싶다는 욕망, 즐거움, 특정인과 멀어지기 등
정말 다양한 동기가 있다. 이런 모든 동기들은 다음 세 가지 방향
으로 수렴된다. 배우고 발전하기, 타인의 사랑과 평판 얻기, 불쾌
한 상태로부터 벗어나기.

어른들이 성공과 만족을 구하고 경제적인 능력과 사랑을 찾으
며, 동시에 거절과 비판을 피하고자 하는 것과 마찬가지로, 아이
들의 두뇌도 매일매일 안전과 발전, 사랑이라는 내적 욕구의 만
족을 추구한다. 아이가 놀이를 할 때, 처음으로 말을 하거나 그림
을 그릴 때는 배우고 싶다거나 발전하고 싶다는 동기유발이 이미

되어 있는 것이다. 부모에게 그림을 보여주거나 함께 놀아달라고 하는 것은 인정을 받고 싶거나 따뜻한 사랑을 갈구하고 있는 것이다. 부끄러워 부모 뒤로 숨는다든지, 갖고 싶어서 다른 아이의 장난감을 뺏는달지, 원하는 것을 손에 넣지 못해 화를 내는 것은 불쾌한 상태로부터 벗어나려는 것이다. 부모가 해야 할 가장 중요한 일은 아이의 동기를 충족시키는 교육을 하는 것이다.

모델링 효과

아이의 지성·감성 재능의 상당 부분은 관찰과 모방을 통해 발전한다. 만일 형제가 있다면 동생이 형을 따라하는 것을 떠올릴 수 있다. 마찬가지로 아이들은 나쁜 점이든 좋은 점이든 부모를 모방한다. 모방은 배움과 두뇌 개발의 가장 기본적인 형태다. 어린 얼룩말은 사자만 보면 그냥 도망치는데, 다른 얼룩말들이 그렇게 하기 때문이다. 마찬가지로 엄마가 거미에 겁을 먹고 소리 지르는 것을 본 아이는 거미에 대해 두려움이 생기게 된다.

뇌는 관찰을 통해 배우는 것을 주목적으로 삼고 있는 뉴런 회로망을 소유하고 있다. 아기는 아빠가 이름을 부를 때마다 '거울 신경세포'라고 알려진 이 회로를 통해 아빠가 어떻게 부르는지를 보면서 자기 입술과 혀가 똑같은 위치에 있는지 생각하기 시작한다. 아이가 엄마를 존경할 만한 사람으로서 문제를 차분하게 해결하는 것을 볼 때, 반대로 어쩔 줄 모르고 당황하며 타인을 함부

아빠가 화가 나서 어쩔 줄 모르는 모습을 보았을 때, 아이의 뇌는 똑같이 화가 난 모습을 마음속으로 상상한다.

로 대하는 것을 볼 때, 아이의 뇌는 보고 있는 것을 똑같이 따라서 상상 속에서 행동하게 된다. 아이의 거울 신경세포는 말없이 부모의 행동을 지켜보고 따라하면서 연습한다. 유사한 상황에 부딪혔을 때 똑같이 반복할 수 있도록 두뇌를 프로그램화한다.

아이의 적절한 행동을 장려하기 위한 첫 번째 방법은 부모가 아이에게 모방할 수 있는 모범을 보여주는 것이다. 자녀가 긍정적으로 사고하는 스타일의 아이로 성장하기를 원한다고 해도 부모로부터 듣는 말이 언제나 부정적이라면 소용이 없다. 부모에게서 타인이나 자기를 비판하는 소리를 많이 듣고 자라면 타인에 대한 존경심을 키우기가 정말 어렵다.

모델링이 아이들의 학습에 결정적이라는 사실을 보여주는 분야가 있다. 다름 아닌 분노 관리와 좌절감 관리 분야이다. 부모의 모습을 따라서 화를 내는 것뿐만 아니라 분노를 관리하는 것까지도 배운다는 사실이 수많은 연구를 통해 드러났다. 한마디로 말해서, 아이들은 엄마나 아빠, 그리고 주변 친구들의 말이나 행동을 그대로 따라 하는 경향이 있다. 그러므로 아이들에게 미치는 우리의 영향은 정말 강력하다고 할 수 있다. 우리가 만약 아이에게 경멸적인 태도를 보이면, 이는 '너 정말 멍청하구나!'라고 말하는 것과 같으며, 결국 동생이나 학교 친구들에게 똑같이 경멸적인 행동을 하게 된다. 우리가 화가 나서 세 살짜리 아이를 큰 소리로 꾸짖는다면, 아이 역시 학교생활 중에 친구들에게 소리 지르는 것으로 화를 표현한다. 어릴 적 아이를 가혹하게(소리를 지르거나 심한 벌을 주거나) 교육한 부모들은 언젠가 자신의 아이들 역시 사춘기가 되어 싸움에 말려들거나 여러 불미스런 일로 학교에서 쫓겨나는 모습을 보게 될 가능성이 매우 크다는 것을 알아야 한다. 부모들 스스로 좋지 않은 모습을 보여주는 것은 특정한 상황에서 아이들에게 통제력을 잃어도 된다고 교육하는 것과 같다.

부정적인 쪽만 있는 건 아니다. 모범을 보여주는 모델링은 아이들에게 당신의 긍정적인 능력을 보여줄 수 있는 좋은 기회이다. 아이들이 외부의 압력으로부터 스스로를 지킬 힘을 갖길 원한다면, 직장 상사나 형제들, 혹은 배우자에게 지나치게 굴종적인 모습을 자주 보여서는 안 된다. 아이가 진실된 모습을 보이길 원한다면 부모 스스로 진실된 모습을 보여야 한다. 아이가 생선을 먹게 하고 싶다면 부모가 대구 요리를 먹어야 하고, 아이가 삶을 즐기며 행복하게 살아가길 원한다면 부모 스스로 매순간 삶을 즐기는 모습을 보여야 한다. 이런 의미에서 부모가 되는 것 자체가 한 차원 더 발전할 수 있는 좋은 기회가 된다. 모든 부모와 교사들은 스스로 모범을 보이며 아이를 교육할 책임이 있을 뿐만 아니라, 자신의 이익을 위해서도 이 기회를 이용할 수 있다.

부모가 더 멋있어진다는 것이 완벽한 모습을 보이는 것을 의미하는 건 아니다. 모두 완벽할 수는 없는 것이다. 완벽하지 못한 모습을 보이는 것을 두려워할 필요도 없다. 아이 역시 부모가 웃고, 울고, 화내고, 용서를 구하고, 착각하기도 하고, 반대로 알아맞히기도 하는 등의 다양한 모습을 보며 살아간다. 어떤 모습도 감추지 않으려고 노력하면서 있는 그대로 보여주는 것이 중요하다. 물론 아이에게 멋진 사람으로 보일 수 있는 행동을 개발하기 위해 노력할 수는 있겠다. 슬플 때는 감정을 드러내고 도움을 청하는 것이 바람직하다는 것을 아이에게 보여주는 것이다. 화가 나면 적절한 방법으로 화를 표현하려고 노력하고, 부모도 다른 사람과 마찬가지로 화를 낼 권리가 있다는 것을 보여준다. 즐겁거나 긍정적인 느낌이 들 때엔, 이를 아이에게도 전해주기 위해 노력한다. 나는 아이에게 좋은 모범이 되고 나 스스로 더 건강해지기 위해 첫 아이가 태어난 지 2주가 되던 날, 담배를 끊었다. 당시 나는 심한 골초였고 주변 사람 그 누구도 내가 담배를 끊을 수 있으리라 생각하지 않았다. 그럼에도 내 이미지가 아이에게 미치는 영향을 생각하고 아이에게 골초로 각인되는 것을 원치 않았기에 굳게 결심했다. 종일 골똘히 생각했고 그 결과 약물이나 여타의 도움 없이 무 자르듯 끊을 수 있었다. 아이에게 좋은 모범이 되겠다는 욕망이 컸다.

긍정적인 행동 강화하기

수많은 연구는 적당한 시점에 적당한 빈도로 강화強化 reinforcement (심리학 용어. 행동의 반응이나 빈도, 강도를 유발하고 증가시키는 자극)를 활용하면 교육에 매우 효과적이라는 사실을 분명하게 밝히고 있다. 언제, 어떻게 아이의 행동을 강화할 것인지만 알아도 교육이라는 전쟁에서 90% 정도의 승리를 이미 챙긴 것이다. 제대로 된 강화는 아이의 양육 과정에서 부모와 아이 모두에게 만족스러운 결과를 가져다준다.

강화는 행동을 단련하는 것을 의미한다. 아주 자연스러운 방법이다. 사실 강화가 없다면 교육도 있을 수 없다. 뿌듯한 마음으로 당신에게 뭔가를 보여주고 싶은 아이에게, 혹은 새로운 기술을 배웠을 때 만족스러워 하는 아이에게 미소로 답하는 것은 얼마나 자연스러운가. 이처럼 강화는 당연하고 자연스러운 것이다. 장난감 같은 물질적인 상부터 미소까지 무엇이든 강화를 위한 도구가 될 수 있다. 물론 많은 연구를 통해 우리가 알 수 있는 사실은 물질적인 상을 반복적으로 주는 것은 강화로서 별 효과가 없다는 것과 오히려 역효과를 내는 예도 있다는 것이다. 그리고 가장 효과적인 것은 간단한 표정이나 몸짓이라는 것이다.

강화는 보상을 의미한다. 아이가 어떤 행동을 하였을 때 뭔가 가치 있는 것을 주는 것이 바로 보상이다. 대개의 사람들이 가장 가치 있게 여기는 보상은 '타인의 인정'이지만, 장난감 같은 물질적인 것부터 가벼운 미소에 이르기까지 다양한 형태의 보상이 존재한다. 가장 흥미로운 것은, 보상이 이루어졌을 때 아이의 뇌에서 일어나는 일련의 움직임이다. 아이가 보상받았다는 느낌을 받을 때마다 동기를 관장하는 뇌에 위치한 특정 신경세포들이 도파민이라는 물질을 분비한다. 도파민은 아이의 뇌가 자신의 행동과 만족의 느낌을 연결시키도록 도와준다. 이를 단순화시킨다면 만족이 도파민을 생산하며, 도파민은 두 가지 생각이나 두 가지 신경세포가 서로 연결되도록 도와준다.

아이가 호기심에서 부엌 수납장에 감춰둔 상자를 열어보았더니 초콜릿 비스킷이 가득 들어 있는 것을 발견한다면 아이의 뇌는 그 순간 엄청난 만족감을 경험할 것이다. 그 만족감은 호기심이라는 개별행동을 만족감이라는 기분과 연결시킬 것이다. 이후 배고픔과 연결된 신경세포는 순식간에 비스킷 상자를 떠올리는 신경세포들과 연결할 것이다.

비스킷 상자를 열면 배고픔 문제를 해결하고 기분이 좋아질 것이다.

이것이 바로 배움의 가장 원초적인 구조다. 아이는 보상 덕분에 단것에 대한 욕구를 채워줄 수 있다는 것을 스스로 학습하게 된다. 이것이 아주 강력한 아이디어가 될 수 있다. 모든 부모들이 자식을 교육시킬 때 궁극적으로 원하는 바는 결국 아이가 자립이 가능한 사람이 되어 목표를 달성하고 행복하게 살 수 있도록 신경세포들을 서로 연결시키는 것이다. 아이는 부모를 통해 생각하는 법, 관습, 원칙, 가치, 지식을 배운다. 아이에게 필요하다고 믿는 행동들을 부모가 만족과 인정이라는 보상과 연결시킨다면, 아이의 행동을 적절하게 유인할 수 있게 된다.

이 기본 원칙을 적용할 수 있는 분야는 무궁무진하다. 아이의 기저귀 문제를 해결하는 것부터, 여러 가지 행동 문제를 예방하는 것까지 모두 가능하다. 독서의 맛을 알게 하는 것, 긍정적인 사고를 수월하게 하는 것, 옷이나 식사 같은 기본적인 과제를 하는 것까지 나아갈 수 있다. 아이의 행동을 적절하게 강화하는 법을 익힌다면 분노와 좌절의 횟수가 엄청나게 줄어드는 것을 확인할 수 있을 것이다. 아이의 뇌는 각각의 순간에 이것이 적절한지 적절치 않은지를 배우기 때문이다. 그러므로 부모는 강화하는 방법을 잘 터득해야 한다.

어떻게 강화할까

강화를 위한 방법은 여러 가지가 있다. 효과적인 것도 있고, 비효율적인 방법도 있다. 물론 역효과를 일으키는 것도 있다. 아이에게 보상을 할 때에는 지나쳐서도 안 되고 너무 작아서도 안 된다. 적정 수준을 지켜야 한다. 부모가 텔레비전을 끄라고 해서 아이가 순순히 말을 들었을 때, 그 보상으로 스타워즈 인형을 선물하는 것은 아이의 뇌엔 아무런 의미도 없다. 말대꾸하지 않고 곧바로 목욕을 했을 때, '잘했어.'라는 말 한 마디 정도로 끝낸다면 그역시 별 의미가 없다. 가장 효과적인 보상은 행동과 동조되어 있는 보상이다. 아이에게 목욕을 하라고 했을 때 군소리 없이 욕조에 들어간다면, 이때 가장 좋은 강화는 욕조를 거품으로 가득 채워주든지 아니면 함께 목욕을 하는 것이다. 시킨 대로 텔레비전을 바로 껐다면 가장 좋은 강화는 텔레비전을 끄고 할 수 있는 뭔가를, 즉 베개싸움을 함께하는 것이 될 수 있다.

우리가 강화 혹은 보상의 형태로 무엇을 선택하는가는 대단히 중요한 문제다. 효과가 없거나 오히려 역효과를 불러오기도 하기 때문이다. 어떤 것은 아이에게 굉장히 만족스러워 대단한 효과를 내는 것도 있다. 일반적으로 물질적인 강화는 만족감이 적은 경우가 많다. 감성적인 강화에 비해 효과가 적다. 이런 의미에서 스타워즈 캐릭터 인형은 베개싸움에 비해 생각보다 훨씬 더 효과가 적다. 이유로는 두 가지를 들 수 있다. 첫째, 아이들의 뇌는 인접한 뉴런 그룹들과 더 잘 결합하는데, 사회적으로 적절한 행동(텔레비전을 끄는 것)은 물질적 보상(스타워즈 인형)보다는 또 다른 사회적 행동(베개싸움)과 연결하는 것이 더 쉽다. 두 번째, 어른과 노는 것은 인형과 노는 것보다 훨씬 다양한 감정적인 반응을 유발하기 때문이다. 도파민을 만들어내는 신경세포를 활성화시키는 데는 어른과의 놀이가 훨씬 더 효과적이다. 신경세포들 사이에서 만들어지는 관계망, 즉 연결 총량이 훨씬 더 많고, 결과적으

물질적인 보상

내가 따랐을 때→
내가 원하는 물건을 얻는다.

감성적 혹은 사회적 강화

내가 따랐을 때→
내가 만족감을 느낀다.

로 적절한 행동의 강화를 더 잘 수행한다.

물질적 보상이 가진 위험은 단순히 효과가 없는 정도가 아니다. 아이들에게 강화를 시킬 때마다 부모는 메시지를 전달하고, 가치라는 측면에서 교육을 하고 있는 것이다. 아이가 부모의 뜻을 따르거나 도와줬을 때 함께 놀아주고 감사의 표현을 한다면, 아이는 협력을 통해 다른 사람들과 하나로 연결될 수 있다는 것을, 그리고 이것이 아주 중요한 가치를 지닌다는 것을 이해하게 된다. 반면 착한 행동을 했을 때 장난감을 사준다면 물건을 소유하는 것이 삶에서 제일 중요한 가치라는 오해를 할 수 있다. 이런 아이들은 어른이 되었을 때 많은 것을 소유하거나 보상을 받아야만 만족을 느끼게 된다. 만일 자녀가 백만장자가 될 가능성이 적다고 생각한다면, 매우 특별하거나 중요한 인물로 살고픈 욕망을 충족시키지 못할 가능성을 염두에 둔다면, 아이가 이런 부분에 너무 많은 가치를 부여하지 않도록, 그래서 불행하다는 생각을 하지 않도록 계획을 세워야 한다. 자녀가 풍요롭게 살 것이라고 아무리 확신을 한다 하더라도 물질적인 보상을 자주 이용하는 것은 좋지 못한 전략이다. 배움의 속도는 더뎌질 것이고, 애정과 상호협력의 가치를 충분히 이해하지 못할 가능성이 크기 때문이다. 나는 물질적인 보상은 적으면 적을수록 좋다는 생각에 조금의 의심도 없다.

이와 유사한 상황이 음식에도 일어난다. 아이가 착한 행동을 할 때마다 주전부리나 사탕을 먹을 수 있다고 가르치는 것은 아이에게 몹쓸 짓을 하는 것과 같다. 사탕이나 여타의 기름지고 맛있는 것들은 갑작스러운 혈당 상승을 유발하여 뇌에 실질적인 즐거움을 준다. 뇌화학적 측면에서 초콜릿이 야기하는 혈당 상승은 다른 어떤 것보다 압도적이다. 따라서 어른이 되어서도 만족감을 느끼고 싶을 때, 뇌는 부모가 조성해놓은 당 의존도를 만족시킬 사탕이나 여타의 것을 요구하게 된다. 만족감을 채우기 위한 방법으로 먹는 것을 이용하길 원치 않는다면 부모 역시 그런 보상을 하지 말아야 한다. 물론 어떤 경우 단것으로 행동을 강화시킬 수 있다. 이를테면 여름철 아이와 함께 산책 삼아 아이스크림 가게로 나가는 것 정도는 좋다. 부모와의 산책을 아이스크림만큼이나 중요하게 받아들이도록 세심하게 유인한다면 금상첨화겠다.

가능하면 사회적인 보상을 이용하여 아이를 자극하는 방법이 좋다. 아이에게 고맙다고 말하거나 칭찬을 해준다거나 집안일에 참여할 수 있는 작은 특권을 준다거나, 시간을 내어 바닥에 앉아 아이가 좋아하는 놀이를 함께 하는 방법을 생각해볼 수 있다.

어떤 보상을 할지 선택해야 할 경우, 아이의 기호나 좋아하는 것을 고려하는 것은 정말 중요하다. 어떤 아이는 함께 요리하는 것을 좋아하지만, 세차하는 것을 더 좋아하는 아이도 있다. 어떤

효과적인 보상	효과가 떨어지는 보상
• 시간을 내어 아이가 원하는 것을 하면서 함께 놀아주기 • 책임감 주기(열쇠 맡기기) • 특권 주기(저녁메뉴의 선택) • 잘했다고 칭찬하기 • 축하해주기 • 고맙다고 말하기	• 장난감이나 여타 물질적인 보상 • 먹을 것 • 잘했다고 하면서도 더 잘할 수도 있었다고 말하는 것 • 다른 사람 앞에서 아이가 부끄러워할 정도로 축하하는 것

아이에게는 함께 그림을 그리는 것이 좋은 강화가 될 수도 있지만, 재미있는 동화를 읽는 것이 좋은 아이도 있다.

보상이 무엇이건 보상 자체가 아이를 움직이는 원동력이 되어서는 안 된다. 기분 좋은 결과가 원동력이 되어야 한다. 기분 좋은 결과가 긍정적인 행동이 반복되도록 도와주고, 동시에 또 다른 만족에 동기를 유발하는 구조가 되어야 한다.

부모와 함께 노는 것 대신에 음식으로 보상 받는 것은 별 효용이 없다. 책임을 완수하는 것 자체가 지닌 중요성은 배우지 못하고 어떤 행동의 효용만 배우기 때문이다. 이런 의미에서 강화는 반드시 아이가 뭔가 가치 있는 일을 하고 난 뒤에 줘야 한다. ("그릇을 잘 정리했으니까 오늘밤엔 동화를 두 편 읽어줄게.") 여기서 주의할 것은 무언가의 대가나 교환으로 보상을 제공하는 것은 적절하지 못하다는 점이다.("만일 네가 그릇을 잘 가져다두면 우리는 동화를 읽을 수 있을 거야.") 작은 차이인 것 같지만, 아이의 뇌에는 엄청나게 중요하다. 아이는 여기에서 두 가지 서로 다른 것을 배우고 있기 때문이다. 첫 번째 경우, 아이는 믿음과 만족감을 얻을 것이다. 하지만 두 번째 경우엔 부모가 자기를 믿지 못한다고 느낄 것이고, 적절한 행동을 이끌어내기 위해 당근이 필요한 당나귀 같은 존재로 여길 것이다.

**그릇을 정말 잘 정리했구나!
함께 동화 두 편 읽자.**

나는 할 일을 했을 때, 기분이 좋다.

**그릇을 잘 정리하면,
동화 두 편을 읽어줄게.**

나는 보상이 있을 때만 할 일을 한다.

언제 강화할까

1. **필요할 때.** 먼저 강화란 우리 삶에서 늘 일어나는 아주 자연스러운 것이라는 점을 이해할 필요가 있다. 아이는 뭔가를 탐구하다가 재미있는 것을 발견했을 때 만족감을 경험하게 된다. 3살 꼬맹이가 태어난 지 몇 달밖에 되지 않은 동생에게 어떤 이야기를 해주었을 때, 동생이 물끄러미 바라보기만 해도 만족감을 얻을 수 있다. 아기가 형의 행동에 대응하는 행동을 했을 때 타인이라는 존재와 연결되는 즐거움을 경험하는 것이다. 아이들이 하는 행동 하나하나에 보상을 하거나 상을 줄 필요는 없다. 인정이나 칭찬의 말들이 지나치게 반복되는 경우 가치를 잃어버릴 수도 있다. 가장 이상적인 방

법은 발전이나 새로운 행동, 혹은 긍정적인 행동을 했을 때 (예를 들어 노력이나 집중을 했을 때), 자기가 저지른 실수를 바로잡거나 타인과 만족감을 공유하고자 했을 때(엄마에게 자기가 그린 그림을 보여줄 때) 보상하는 것이다.

2. **즉시.** 보상은 즉시 이루어질수록 효과적이다. 두뇌는 초 단위로 행동한다. 그러므로 하나의 행동을 다른 행동과 연결시키기 위해서는, 예를 들면 장난감을 잘 정리하는 것과 부모가 고맙다고 말해주는 행동은 반드시 곧바로 연결되어야 한다.

3. **시차를 두고.** 도전 과제나 주제에 따라서는 보상이 다소 커야 하기 때문에 가끔은 곧바로 하기 어려운 경우도 있다. 아이가 더러워진 옷을 일주일 동안 매일 세탁통에 넣는 것과 같은 목표를 설정한 경우(이것은 어린아이들에겐 아주 어려운 과제일 수 있다)가 그렇다. 이때 세탁통 한 편에 종이를 붙여놓고 약속을 지킬 때마다 스마일스티커를 하나씩 붙인다면 아이가 만족감을 유지할 수 있다. 이런 방법은 아이가 적절한 행동을 할 때마다 보상 받았다는 느낌을 갖게 할 뿐만 아니라, 목표치와 보상을 도달 가능하도록 잘게 쪼개는 방법으로 최종적인 상을 훗날로 미룰 수 있다. 이처럼 목표와 만족의 세분이야말로 뇌의 입장에서 본다면 정말 어려운 과제이자 재능일 수 있다. 이것이 목표를 달성할 수 있는 유능한 사람과 그렇지 못한 사람들을 구분하는 기준이 되기도 한다. 장기 목표를 작은 만족으로 세분하는 능력을 키워주는 것은 아이의 성공을 진정으로 돕는 요긴한 전략이다.

4. 조금 더 나아졌을 때. 가장 빈번하게 범하는 실수는 부모들이 변화에 대해 보상하는 것을 모른다는 점이다. 부모들은 자주 맘에 들지 않는 상황, 이를테면 큰아이가 작은아이를 때린다든지, 같은 반 아이를 물어뜯는다든지, 옷을 안 입으려고 떼를 쓴다든지 하는 상황에 직면하게 된다. 이럴 때는 단번에 아이의 행동이 달라지길 기대하지 말고, 대신 조금 나아진 행동, 예전보다 조금 덜 나쁜 행동을 했다면 반드시 아이에게 보상을 해야 한다.

나는 15년째 엄청난 인내심을 발휘하며 이러한 행동과 관련된 문제들을 다루고 있는데, 경험으로써 분명하게 말할 수 있는 것은, 어떤 경우에든 아이가 착한 행동을 선택하게 하기 위해선 조그마한 변화에도 긍정적인 평가를 해주어야 한다는 것이다. 그러려면 부모가 아이의 작은 발전을 발견해내고 주목하는 능력을 키워야 한다. 하루 이틀에 다른 사람으로 완전히 바뀌는 것은 누구에게든 기적 같은 일일 수밖에 없다. 보통 우리는 두 살짜리 아이에게 '하이메, 다시는 다른 아이를 물면 안 돼.'라고 말하면서, 바로 그 자리에서 아이가 행동방식을 바꾸길 기대한다. 그러나 아이들 뇌는 절대로 그런 식으로 작동하지 않는다. 뇌는 반복과 지속적인 접근을 통해 아주 조금씩 바뀐다. 아이의 뇌에 변화를 만드는 것은 풀밭에서 새로운 길을 만들어내는 것과 같다. 아이가 새로운 길을 만들고 적응하려면 반드시 새로운 곳에 발을 내디뎌야 한다. 부모가 지시하는 방향으로 지속적으로 나아가도록 해야 한다. 풀이 눌려 흙길이 만들어질 때까지 그 길로 많이 걷게 해야 한다. 하루 종일 혹은 일주일 내내. 그래야만 옛길은 풀이 덮이고 흔적이 희미해져 다시는 그 길로 가고 싶지 않게 된다. 그러므로 진정으로 가길 원하는 그 길로 아이가 들어서는 행동을 했을 때는 재빨리 관심을 보여주고 지속적으로 강화하는 것보다 더 좋은 방법은 없다.

강화 올가미

강화 올가미라는 것이 있다. 올가미를 숨기고 있는 모든 상, 보상, 강화를 의미하는데, 언제나 역효과만 일으킨다.

1. **불만을 야기하는 강화.** 긍정적인 상황을 이용하여 불만을 드러내거나 뭔가 그 이상을 요구하는 경우이다. 이때 아이의 뇌는 강화의 기능을 하는 만족보다는 좌절을 경험하게 된다. 예를 들어, 엄마가 앙헬라에게 '전부 아주 잘 치웠구나. 진작 이렇게 하지, 세 번을 요구해서야 하다니.'라고 말한다면 아이는 자신의 행동이 비난 받았다고 느낄 것이고, 노력할 필요가 없다는 사실을 배우게 된다.
2. **앙심을 담았거나 잘못했던 과거 사실을 일깨우는 강화.** 아이가 아침에 옷을 입으면서 적절한 행동을 했을 때, '잘했어, 리카르도. 다른 날과 달리 오늘은 옷을 잘 입네.'라고 말한다면, 아

이의 두뇌는 즉시 비난의 느낌이 묻었음을 알아채고, 강화는 아무런 효과도 얻지 못한다.

3. **의무를 담은 강화.** '잘했어, 알리시아. 앞으로는 계속 이렇게 하렴!'이라고 아이에게 말한다면, 아이의 뇌는 즉시 그 말에는 보상보다 강한 요구가 숨어 있다는 것을 눈치 채게 된다. 만족을 느끼지 못하고 뇌는 좌절을 맛보게 될 것이 뻔하다.

다음은 강화 올가미라는 상황에 직면하게 되었을 때 아이의 뇌에서 일어나는 일을 도식화한 것이다.

내가 노력을 하거나 좋은 행동을 했을 때
→ 나는 슬픔을 느끼거나 좌절하게 된다.

이 경우 즉시 나타나는 효과는 아이가 슬픔과 좌절을 느끼는 것이다. 단기적으로도 이런 강화는 아무런 효과를 만들어내지 못한다. 아이의 뇌가 아무런 만족도 느끼지 못했기 때문이다. 결과적으로 다시 적절한 행동을 하기까지는 상당한 시간이 걸릴 수 있다. 강화 올가미 행태가 반복되었을 때 발생할 수 있는 장기 효과로는 아이가 부모로부터 정서적인 거리감을 갖게 된다는 것이다.

이렇게 하지 말자.	이렇게 긍정적으로 인정해야 한다.

"참 잘했다. 그렇지만 더 잘할 수 있었는데."	"정말 멋지게 해냈구나."
"잘했다. 혼자 옷을 잘 입었네. 다른 때는 왜 안 그랬니?"	"정말 최고로 잘 입었네! 진짜야!"
"아주 잘했다. 언제나 이런 식으로 했으면 좋겠다."	"네가 최고다."

기억합시다

교육에서 성공을 거둔 부모들의 중요한 특징 중 하나는 사회규범에 맞는 행동을 훈련시키거나 동기유발을 하기 위해 강화를 잘 이용한다는 점이다. 매 순간 아이를 강화해서는 안 된다. 대부분은 아이 스스로 느끼는 만족감이 가장 좋은 강화이다. 강화의 기회는 아이에게 뭔가 새로운 기술을 가르치거나, 구체적인 행동에서 확실한 발전을 보여주었을 때이다. 그리고 이 경우 애정을 가지고 아이를 진정으로 인정하는 마음을 드러내는 것이 중요하고, 시간을 두고 서서히 강화하는 것이 좋다. 칭찬과 인정, 함께 시간 보내기 등 애정을 통해 아이를 강화해야 한다. 물질적인 상이나 먹을 것 따위는 한쪽으로 치워야 한다.

8
벌 대신 쓸 수 있는 다른 것들

> 다른 사람이 꿈을 이룰 수 있도록 도와주면, 당신도
> 꿈을 이룰 수 있다.
>
> 레스 브라운

아이들의 두뇌는 양끝에 각각 기관차가 달린 구식 기차와 같다. 첫 번째 것은 삶의 목표를 향해 긍정적인 방향으로 나아가려 한다. 두 번째 기관차는 자꾸만 엇나가고 부정적인 방향으로 가려고 한다. 이때 부모가 아이에게 하는 말 한마디 한마디는 불쏘시개와 같다. 어떤 기관차의 화구에 땔감을 넣어주고 싶은지 생각해본다. 긍정을 향해 나아가는 기관차, 아니면 부정을 향해 나아가는 기관차. 아이의 잦은 일탈에 좌절을 겪은 부모는 아이의 부정적인 행동에만 모든 관심을 둔다. 학교에서도 마찬가지다. 아이들이 서로 협력하지 못하는 것에 실망한 선생님은 아이들의 부정적인 행동

— 미국의 '동기부여' 강연가로 '탁월한 연설가상'을 수상하기도 했다.

에만 주의를 집중한다. 부정적인 측면에 집중하는 것은 부정을 향해 나아가는 기관차의 화구에 통나무를 밀어 넣는 것과 같다. 물론 나쁜 행동을 되풀이하지 않게 하려면 아이의 부정적인 행동에 신경을 집중하는 것이 의무로 생각될 수도 있다. 그렇지만 대부분의 경우 나쁜 행동에 자양분을 제공하는 꼴이 되고야 만다. 아이의 긍정적인 행동을 유발하기 위해선, 아이의 선한 행동에 주목하는 것이 최선이다. 그렇다면 아이의 나쁜 행동을 교정하고 긍정적인 행동에 집중할 방법은 무엇일까? 벌 말고 다른 대안들을 모색해보자.

벌은 왜 효과가 없을까

아이에게 벌을 주게 되면, 예컨대 자전거 타고 놀 시간을 주지 않거나 혹은 겁쟁이, 변덕쟁이라고 꾸짖는 것은, 우리가 반드시 피해야 할 세 가지 부정적인 결과를 야기하게 된다. 첫 번째는 아이에게 타인에 대해서도 필요하다면 벌을 사용하라고 가르치는 꼴이라는 점이다. 아이가 스스로를 변덕쟁이라고 느낀다고 해서 어떤 유익이 있을까. 자전거 타고 놀 시간을 허용하지 않는 게 세상 누구에게 유익할까. 조금도 유익하지 않다. 이때 아이가 배울 수 있는 것은 좌절을 느꼈을 때엔 다른 사람을 공격해야 한다는 생각과, 그로 인해 타인이 기분이 나빠지면 자신이 입은 손해를 덜 었다는 생각이 든다는 것 외에는 아무것도 없다. 두 번째 부정적인 결과는 너무 쉽게 잘못을 반복할 수 있게 만든다는 점이다. 일반적으로 부모가 처벌을 끝내는 시점은 아이가 울음을 터뜨리거나 기분 나쁜 상태로 시간이 많이 지났을 때다. 다시 말해, 아이가 울음을 터뜨리거나 자존감에 상처를 입고서 용서를 빌 때, 부모는 처벌을 멈춘다. 이때 부모는 자신이 못할 짓을 했다는 자책감과 측은한 마음이 생기고, 아이를 용서하고 다시 사랑하게 되는데, 아이는 이 패턴을 금세 배운다. 이 메커니즘은 너무 단순하고 끔찍해서 아이에게 잘못을 반복하게 만드는 뿌리가 된다. 어떤 사람에게는 어른이 되고서도 평생 고치지 못하는 굴레로 작용한다. 그렇기 때문에 처벌은 아무리 강하게 해도, 아이가 나쁜 행동을 통해 배운 것을 포기하게 만들지 못한다. 다른 아이를 때린 아이는 때린 것에서 오는 쾌감에서 벗어나지 못하는 것이다. 엄밀하게 말해 나쁜 행동을 못하게 하는 데는 처벌보다 적절한 한계를 설정하는 것이 훨씬 효과적이다. 나쁜 짓을 했다고 벌을 받은 아이는, 아래 그림처럼, 뇌 발달 측면에서 그리 바람직하지 못

다른 사람을 때렸을 때, 나는 원하는 것(만족감)을 얻는다. → 원하는 것을 얻었을 때, 나는 죄책감을 느낀다. → 죄책감이 들 때, 부모님은 나를 용서해주시고, 나는 다시 기분이 좋아진다.

한 결합만을 만들어낸다.

　마지막으로, 벌이 초래하는 결과 중에서 가장 부정적인 것은, 아이가 자기 자신의 모습을 각인시키는 것이다. 말을 안 듣는다고 벌을 주거나 꾸짖을 때, 아이의 뇌는 이것을 자기 정체성, 혹은 자아개념을 형성하는 정보로 활용해버린다. 아이에게 '너는 정말 ~'로 시작하는 그 어떤 말을 하게 되면, 아이의 뇌는 '해마'라는 구조에 그 정보를 저장해놓는다. 해마는 주변세계와 자신에 대한 모든 지식을 저장하는 곳인데, 이 정보는 삶에서 중요한 결정을 내릴 때 핵심적인 역할을 수행한다.

　스스로를 용기 있는 아이, 혹은 잘 복종하는 아이라고 인식하게 되면 당연히 이에 걸맞게 행동하게 된다. 말을 잘 듣지 않는 아이라는 부모나 교사의 메시지가 기억 속에 박혀 있으면 마찬가지로 이에 걸맞게 행동하는 법이다. 말을 잘 듣지 않고, 변덕스럽고, 이기적이고, 빈둥거리는 아이로 알려진 아이는 평생 자신에 대해 인식하고 있는 모습과 똑같이 행동할 수밖에 없다. 이런 의미에서 아이의 자아개념과 가능성 측면을 생각한다면, 부정적인 메시

해마

세상에 대한 지식
- 선생님 이름은 소니아이다.
- 여름에는 아이스크림을 먹는다.
- 개는 기분이 좋으면 꼬리를 흔든다.

자신에 대한 지식
- 나는 겁쟁이다.
- 나는 변덕쟁이다.
- 나는 이기주의자다.
- 나는 용기 있는 아이다.
- 나는 기다릴 줄 안다.
- 나는 나눌 줄 안다.

지가 머리에 아로새겨지는 것만큼 큰 상처는 없을 것이다.

처벌의 함정

벌이 효과적이지 못한 또 다른 이유는 우리가 '처벌의 함정'이라고 부르는 것 때문이다. 이는 아이에게 어떤 행동을 못하게 하기보다 어떤 행동을 더 부추기는 역할을 하는 화내기나 벌을 말한다. 처벌의 함정은 일반적으로 부모의 충분한 관심을 받지 못한아이가 나쁜 행동을 하면 오히려 부모가 관심을 보인다는 사실을 알았을 때 일어난다. 아이와 함께하는 시간이 턱없이 부족했거나 아이의 좋은 행동을 강화시키지 못했을 때가 대표적이다. 예를 들어 아이는 동생을 때렸을 때 부모가 관심을 보인다는 것을 알게 된다. 외롭다고 느낀 아이는 투명인간이 되기보다는 혼나는것이 더 좋다고 생각할 수 있다. 동생을 더 자주 때릴 수밖에 없다. 이 경우 부모는 다른 전략을 채택하는 것이 더 바람직하다. 아이에게 관심을 더 보이고, 동생을 때리지 않고 잘 지낼 때 아이를칭찬해주는 것이다. 어린 동생이 잠들 때 매일 잠깐씩이라도 아이와 손을 잡고 지내는 방법도 좋다.

자녀를 교육하는 데 벌을 사용하는 것이 어리석을 뿐 아니라올바른 전략이라고 할 수 없는 데에는 많은 이유가 있다. 가끔은원래 의도를 만족시킬 수 있겠지만, 대부분의 경우 부정적인 결과를 동반한다. 뿐만 아니라 아이가 자신이 원하는 것은 무엇이

<table>
<tr><td align="center">처벌의 함정</td><td align="center">긍정적인 행동의 강화</td></tr>
</table>

나쁜 짓을 하면	착한 행동을 하면
→ 나에게 관심을 갖는다.	→ 나에게 관심을 갖는다.

든 할 수 있다고 가르쳐야 한다. 다른 아이를 때렸을 때, 벌을 주는 것이 아무것도 하지 않는 것보다는 나을 수 있다. 다만 벌을 주는 것보다 훨씬 덜 상처를 주고 훨씬 더 효과적인 전략이 있다는 것이다. 아이의 행동 교정에 도움이 되면서도 벌을 대체할 수 있는 많은 대안이 있다는 것을 염두에 두자. 지금부터 더 건설적이고 긍정적인 대안을 알아보자.

성취할 수 있도록 도와주기

모든 처벌의 목적은 아이가 뭔가를 배워 목표를 달성할 수 있게 하기 위한 것이다. 예를 들어 심장병 전문의가 통상적인 정기검진에서 친구에게 심장병이 있다는 것을 발견한 경우를 생각해본다. 운동도 하지 않고 마음대로 규정식단을 바꾸면 건강에 부정적인 결과를 야기할 수 있고 치명적인 심근경색이 올 것이다. 이 상황에서 어떻게 하면 좋을까. 식단관리를 제대로 하지 않은 것에 대해, 운동을 하지 않은 것에 대해 꾸짖기 위해서라도 일단 고통을 좀 받으라고 놔둘 것인가. 아니면 친구 곁에서 칼로리를 줄이고 좀 더 건강한 식사를 하도록 도와줄 것인가. 좋은 친구라면 어떤 방법을 선택할지 조금도 고민하지 않을 것이다. 어떤 방법을 써서라도 친구의 병을 고칠 수 있도록 도와줄 것이다. 좋은 부모라면 좋은 친구보다 훨씬 더 많은 이유로, 아이가 좌절할 때까지 기다리지 않고 기분 좋은 자극을 통해 목표를 달성하고 기분이 좋아지도록 도울 것이다.

만일 나의 아들 산티아고가 심통이 날 때마다 여동생을 물어뜯는 버릇이 있다면 싸울 때까지 기다리지 말고 물지 않도록 유도해야 한다. 예컨대 아이 곁에 앉아 뭔가 좌절감을 느끼는 것 같으면 스스로를 통제할 수 있도록 도와야 한다. 아빠가 부르는데도 에스테반이 오지 않을 때, 가만히 앉은 채 계속 부르기만 하면 점점 더 화가 날 수 있다. 오히려 아이가 있는 곳으로 다가가서 손을 잡아 원하는 곳으로 데리고 갈 수 있다. 첫 번째 방법을 쓴다면 분명 둘 다 불만스러워질 것이다. 그렇지만 조금만 방법을 달리하여 도와준다면, 둘 다 기분이 좋아질 것이고 각자 제자리에 앉는 것으로 끝낼 수 있다. 즉 아이를 움직이게 하고 싶다면 부모 스스로 상황을 잘 통제하여야 한다. 아이가 식사를 너무 천천히 하는 경우, 부모는 화를 낼 수도 있지만 서둘러 자신의 식사를 끝내고 아이가 먹기 좋게 고기를 잘라주거나 몇 숟갈 얹어줄 수도 있다. 아이 스스로 어느 정도 먹었다면 음식을 좀 남겨도 용인할 수 있는 여유를 가지면 좋을 것이다.

아이가 실수하지 않도록 도와주면 유명한 학습이론 '착오 없는 학습'을 더 선호하게 할 수 있다는 장점이 있다. 이 이론과 기법은 기억장애가 있는 사람들이 좀 더 빨리 습득할 수 있도록 도와주기 위해 고안되었는데, 다음과 같은 전제가 있다.

"1등이 될 수 있다면 더 빨리 배운다."

일반적으로 실패할 확률이 높은 일을 실수 없이 할 수 있도록 도와주는 것은 아이가 좀 더 빨리 배우게 하는 방법이다.

결과를 확실하게 보여주세요

실생활에서 행동 하나하나는 어떤 식으로든 결과를 만들어낸다. 만일 취업시험 면접장에 늦었다면 아마도 나쁜 인상을 줄 것이고 채용되기 힘들 것이다. 과속을 하면 범칙금을 물어야 하고, 요리에 공을 들이면 맛이 나는 법이다. 많은 부모들이 좋은 결과를 위해서는 벌이 불가피하다는 생각도 하겠지만, 보통은 그것들을 사용하지 않는다. 대개의 경우 아이들 스스로 어떤 행동이 좋은 결과를 만들어내는지 알기 때문이다.

순리적으로 생각하면 처벌에 손을 내밀 필요가 없는 것이다. 부모가 아이들에게 할 수 있는 일은, 기본적인 규칙을 따랐을 때 발생하는 행동의 결과를 보여주는 것 정도다. 다음과 같은 상황을 한번 상상해본다. 마르틴이 방마다 장난감을 심하게 어질러놓는 통에 집에서 언제나 큰소리가 끊이질 않는다. 그러자 부모는 마르틴에게 다 놀고 난 장난감을 먼저 정리하지 않으면 절대로 다른 장난감을 꺼낼 수 없다는 규칙을 만든다. 외발로 깡충깡충 뛰거나 공중제비를 넘거나 아마존의 악어 흉내를 내거나 마음대로 할 수 있지만 일단 가지고 놀았던 장난감을 정리하기 전에는 다른 장난감을 절대로 꺼낼 수 없다는 규칙. 장난감을 가지고 놀지 못하게 하는 처벌을 택하지 않은 것이다.

지난 몇 달 동안 나와 아내는 많이 지칠 수밖에 없었다. 아이가 저녁식사를 지나치게 천천히 하는 바람에 식탁에서 마냥 기다려야 했다. 경우에 따라선 우유 한 잔을 앞에 놓고 한 시간 반이나 시간을 흘려보내야 했다. 잠자리 준비를 하는 한 시간 동안도 똑같이 마냥 기다려야 했다. 말을 듣지 않는 아이는 아니었고, 식욕이 없는 아이도 아니었다. 다만 자기 시간을 즐기는 아이로, 상상을 즐기며 쉬지 않고 이야기를 쏟아내는 것을 좋아할 뿐이었다. 우리는 아이가 적절한 시간 안에 이런 행동을 마무리 짓게 하고 싶어서, 이것저것 시도해 보았지만 별 소용이 없었다. 어떻게 도와야 하는지 알아보려고 몇 달 동안 노력했다. 그러던 어느 날, 잠자기 전 그림책을 읽어주는 것이 아이가 대화보다 더 좋아하는 일이라는 것을 알았다. 우리가 벌의 효과를 철석같이 믿었다면 아마 정해진 시간 안에 할 일을 끝내지 못할 경우 그림책을 읽어주지 않겠다고 했을 것이다. 우리는 그러지 않았다. 대신 규칙을 하나 만들었다. 저녁식사를 시작한 지 딱 45분이 지나면 무조건 그림책을 읽기 시작한다. 그 정도면 서두르지 않아도 식사를 끝낼 수 있는 충분한 시간이었다. 아이들에게도 침대에 눕든 말든 그 시간에 그림책 읽기는 시작될 것이라고 분명히 해두었다. 이 규칙을 실행에 옮긴 첫날도 아이는 평소와 다르지 않았다. 그날 밤 정확하게 저녁식사를 시작한 지 45분 후, 나는 〈나는 커서 행복한 사람이 될 거야〉라는 그림책을 침대에 누워 읽기 시작했다. 아들도 딸도 처음에는 반신반의하다가 뒤늦게 상황을 알아챘다. 울고불고 화를 내면서 이의를 제기하면서 다시 읽어달라고 했다. 물론 나는 다시 읽어주지 않았다. 아이들에겐 그날의 작은 좌절감을 극복할 능력이 충분히 있다는 걸 알고 있었기 때문이다. 다음날 두 아이는 35분 만에 식사를 마쳤다. 덕분에 우리는 〈나는 커서 행복한 사람이 될 거야〉와 〈곰 사냥을 갑시다〉두 편의 그림책을 읽었다. 식사를 빨리 끝낸 것이 만들어낸 긍정적인 결과다. 그날 이후 매일 우리는 저녁을 먹기 위해 식탁에 앉은 지 45분이 되면 어김없이 동화를 읽기 시작했다. 화장실을 다녀오는 걸 잊었거나 이를 제대로 닦지 않아서 1,2분 정도 기다린 적은 있지만 그림책 약속은 어김없이 지켰다.

관점을 바꾸세요

처벌보다 강화가 훨씬 더 효과적이라는 데 동의한다면 다음에 소개할 전략이 유용할 것이다. 전략을 잘 실행하기 위해선 상벌에 대한 관점만 조금 바꾸면 된다. 테레사가 습관적으로 동생을 괴롭힌다고 가정해보자. 이런 상황에서 대부분의 부모들은 테레사의 발목을 잡는 규칙을 만들 것이다.

"테레사, 네가 동생을 괴롭히면 간식 먹은 다음 만화영화 볼 시간을 주지 않겠다."

그 나이 대 아이들 눈높이에는 어느 정도 정당하다고 생각될지도 모른다. 그러나 이보다 더 효과적인 대안이 있다. 규칙을 만들 때 긍정적인 행위에 초점을 맞추는 것이다.

"간식을 먹으며 착하게 행동하면 만화영화를 볼 수 있다."

이런 식으로 규칙을 만들면 된다. 조금만 관점을 바꾸면 좀 더 긍정적인 행동을 이끌 수 있다. 좋은 행동과 규칙을 지키는 것에 초점이 맞춰지면 아이의 뇌도 만족감과 연결시킬 수 있다. 육아에 상당한 경험을 가진 부모들도 간과하기 쉽지만, 간단하면서도 강력한 효과가 있는 아이디어다. 언제나 긍정적인 결과의 관점에서 규칙을 적용하도록 깊이 고려해야 한다. 어떤 맥락에서든 처벌이 빈번해지고 있다면 발상을 뒤집어 규칙을 바꿔야 한다. 아이가 관심을 긍정적인 행동에 둘 수 있도록.

행위 교정하기

적절하지 못한 행동을 고칠 때의 기본 원칙은 타인에게 피해를 준 행위 그 자체(혹은 물건)를 교정해야 한다는 것이다. 행위를 바로잡는다는 것은 책임을 지겠다는 뜻이고, 자연스럽게 피해의 원상회복으로 작용하기 때문에 아주 큰 효과가 있다.

예전에 완전히 녹초가 된 미겔의 엄마가 찾아와 아들이 자꾸 친구 집에서 장난감을 훔쳐온다며 상담을 요청했다. 처음에는 친구가 빌려준 것인가 하여 그쪽 부모에게 물어보았더니 그렇지 않다는 것이었다. 그녀는 급히 장난감을 부모에게 돌려주고 용서를 구했다. 나는 방법이 틀렸다고 알려주었다. 행위를 바로잡아야 할 사람은 엄마가 아니라 아이에게 있다. 한 달쯤 뒤 길에서 그 엄마와 마주치게 되어 경과를 물어봤다. 그녀는 나와 상담을 하고 며칠 지났을 때, 미겔이 또 친구 집에서 그림카드를 가져왔다고 했다. 그녀는 아들에게 내일 반드시 돌려주고 말없이 그림카드를 가져온 것에 대해 용서를 구하라고 시켰다. 다음날, 미겔은 친구 집 앞에서 발을 구르고 엉엉 울면서 엄마가 대신 그림카드를 돌려주라고 떼를 썼다. 엄마는 그럴 수 없다고 하면서 대신, 용서 구하는 것을 옆에서 도와주겠다고 했다. 마음이 좀 가라앉은 미겔은 엄마가 곁에 있다는 생각에 용기를 내 직접 그림카드를 돌려주고 용서를 빌었다. 그 다음부터는 몇 달이 지나도록 절대로 남의 물건을 가져오는 일이 없었다. 지금은 자기 장난감을 친구의 장난감과 바꿔오고 싶을 때도 엄마의 허락을 구한다고 한다.

아이가 동생을 때렸을 때 잘못을 고친다는 것은 동생에게 용서를 구하고 사죄의 입맞춤을 하는 것을 의미한다. 음식물을 바닥에 던졌으면, 그것을 주워서 쓰레기통에 집어넣어야 한다. 놀다가 실수로 우유를 바닥에 흘리면, 꾸짖고 질책하면서 더 조심해야 한다고 화내지 말고, 아이와 함께 걸레를 찾아 흘린 우유를 청소하는 법을 가르쳐주면 된다. 아이의 뇌는 물건을 조심스럽게 다뤄야 한다는 것을 배울 것이고, 트라우마가 생기는 대신에 즐거움을 느낄 것이다. 나는 아이에게 이렇게 말한다.

"내가 어지럽히지 않았는데, 왜 내가 치워야 하지? 너도 네 손으로 직접 할 수 있잖아?"

기억합시다

벌은 아이에게 적용할 수는 있지만 별로 유쾌하지도, 교육적이지도 않다. 가끔 아이들 스스로 대들거나 벌을 받겠다고 할 때도 있다. 부모의 관심을 받고 싶다는 욕구에서 비롯된 행동이다. 모든 아이는 많은 놀이시간과 부모의 관심이 필요하다. 아이를 꾸짖고 벌하는 것은 나쁜 행동을 강화할 뿐이다. 나쁜 행동들이 활성화되지 않게 하기 위해선 효과적인 대안을 구해야 한다. 어떤 결과가 초래될지 분명하게 알려주는 것, 다른 사람에게 피해를 주거나 물건을 망가트렸다면 그 행위 자체를 바로잡아야 한다는 것 등이다. 특히 마음이 진정되면 아이가 마무리를 잘할 수 있도록 적극적으로 돕는 것이 중요하다. 좋은 친구는 인사하러 오는 것을 기다리지 않고 마주 나서는 사람이라는 사실을 명심하자. 아이가 요구받은 일을 잘 해낼 수 있도록 적극적으로 도와야 한다. 아이가 좌절하지 않고 만족감을 느낄 수 있도록. 우리가 부모니까.

9
넘지 말아야 할 선, 한계 설정하기

마음이 잘 단련된 사람은 행복으로 나아가고, 단련
되지 못한 사람은 고통으로 다가간다.

달라이 라마

아이가 지켜야 할 선을 의미하는 한계는 언제나 논쟁을 유발하는 주제이다. 교육학계의 흐름도 그렇지만, 전 세계적으로 한계와 규범을 최소한으로 줄이자는 부모들이 많다. 한계설정에 제일 동의하지 않는 사람은 바로 아이들이다. 아이의 가장 낙담한 표정을 보고 싶다면 예상치 못한 규칙이나 제한을 들이밀면 된다. 기존에 없던 한계를 지켜야 한다고 했을 때 받는 좌절감은 가장 여린 성격의 아이들까지도 작은 악마로 변하게 만들 수 있다. 그래서 한계와 규범을 정하고 아이에게 그것을 지키게 만드는 것은 상당한 노력을 요한다. 화를 내고 고통스러워하는 아이를 보면 부모들은 당혹감을 느낄 수밖에 없고, 이로 인해 한계를 최소화하는 것이 바람직하다는 교육이론이 부상하였다.

그러나 내 경험으로 볼 때, 또 우리 시대의 가장 중요한 교육학자들의 관점을 따른다면, 이것은 상당히 잘못된 생각이다.

나는 신경심리학자로서 한계설정이야말로 두뇌교육 측면에서 필수적이란 사실을 확실히 말할 수 있다. 한계의 의미를 수용하고 한계를 지킬 때 생기는 좌절감을 극복할 수 있는 전담 뇌 부위가 존재한다는 사실을 알고 있기 때문이다. 전두엽이 바로 그것이다. 말할 것도 없이 전두엽은 행복을 얻는 데 가장 중요한 역할을 하는 곳이다. 이 부위가 손상된 환자를 만난 적이 있는데, 분노 조절이 안 되고, 타인이 설정한 한계를 지키지 않으며, 사회규범도 무시하고 무조건 자신이 원하는 목적물만 취하려 했다. 눈앞에서 이런 사실을 목격하게 된다면 누구라도 나와 비슷한 결론을 가지게 될 것이다.

인간은 수백 년에 걸쳐 한계설정의 뇌 구조를 발전시켜왔다. 생존 확률과 사회에서의 공존 가능성을 높이기 위해서다.

부모들 중 일부는 한계설정에 반발하기도 한다. 아이가 식탁에 앉아 식사하기를 거부할 때마다, 걷고 싶지 않다고 안아주기를

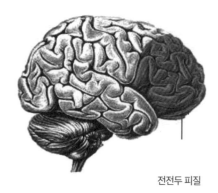

전전두 피질
- 규범의 내면화
- 자기통제
- 계획 세우기
- 조직하기
- 문제 해결하기
- 오류 찾기

전전두 피질

원할 때마다, 젖을 달라고 보챌 때마다, 그 즉시 아이의 욕구를 채워주는 것이 적절하고 당연한 것 아니냐는 것이다. 하지만 아무리 아이라 하더라도 현실의 삶에선 자신의 욕구와 욕망에 한계가 존재한다는 것을 경험할 필요가 있다. 그러기 위해서는 반드시 한계를 설정해야 한다.

논쟁의 여지가 있는 한계의 예를 하나 살펴보자. 태어나 서너 달이 지나면서부터 아기들도 아주 짧은 시간이라면 필요한 것을 얻을 때까지 조용히 기다릴 수 있다. 이것이 의미하는 바는, 엄마가 아기를 안고 젖을 먹이는 것에 어떤 규칙을 만들 수 있다는 것이다. 만일 운전을 해야 한다면 차를 타기 전에 미리 젖을 주어 운전을 마칠 때까지는 필요하지 않게 할 수 있다. 버스를 타기 위해 줄을 서 있다면 버스 안에 자리를 잡고 젖을 줄 수 있을 때까지 아기도 차분하게 기다릴 수 있다. 아기가 필요로 할 때 젖을 주는 것이야말로 양육에서 가장 중요한 옵션이다. 이것은 의심의 여지가 없다. 하지만 특별한 상황에서는 아기가 조금 기다릴 수 있도록 가르치는 것이 비교육적인 게 아니라는 것이다.

교육학에서 한계설정은 아이의 발전에 아주 중요한 요소다. 자신의 한계를 설정하여 스스로 통제할 수 있는 능력은 학교생활과 사회생활에서 성공으로 가는 지표가 된다. 아이들에겐 사랑과 애정만큼이나 한계도 필요하다는 사실은 교수나 교사들과 이야기를 나누어 봐도 다들 공감하는 문제다. 주의력결핍과 같이 광범위하게 분포하는 불안상태는 상당 부분이 한계를 설정해놓지 않았기 때문이다.

지금부터 아이들을 지적이고 감성적으로 발전시키는 데 한계설정이 어떤 식으로 기여할 수 있는지, 그리고 주의력결핍 등 병리현상을 막는 데 어떻게 기여할 수 있는지에 대해 알아보려 한다. 아이의 발전을 도울 긍정적인 한계를 확실하게 설정하고 이를 실행하는 방법을 알아볼 것이다.

한계설정을 위한 활동

누구라도 한두 번쯤 경험했음직한 예를 들어보자. 1살 된 아이가 싱크대 아래쪽 서랍에 접근하는 상황을 상상해본다. 아이는 편하게 앉아 자연스럽게 서랍을 열고 그 안에서 신기하게 생긴 표백제 병과 세탁세제를 발견했다. 어떻게 할 것인가? 아마 기겁을 하면서 아이가 잡으려고 하던 것을 치운 다음, 서랍을 닫고 아이에게 여러 번 주의를 줄 것이다. '절대로 이걸 만져서는 안 된다.' 이건 당연하다. 아이의 안전과 관련되기에 자연스럽게 나온 행동이다. 그 상황의 결과가 불 보듯 분명하게 보이는 데서 나온 행동이다. 아이가 다른 아이를 때리려고 할 때, 지나치게 높은 곳에서 뛰어내리려고 할 때, 뜨거운 음식을 먹으려고 달려들 때도 마찬가지다. 당장 안전을 위한 조치를 해야 한다. 바라지 않는 일이 일어나는 것을 허용해선 안 된다.

적절하지 않은 행동에 한계를 설정하는 것은 아주 중요하다. 아이의 지적, 감정적, 사회적 발달에 악영향을 주는 신경세포들 사이에 연결이 만들어지는 것을 피하기 위해서 반드시 필요하다. 다른 아이의 장난감을 원할 때, 무조건 갖기 위해 다른 아이를 때릴 수도 있다. 이 경우 아이는 아주 중요한 사회적 규범을 깨긴 했지만 결국 장난감을 얻음으로써 만족감을 느낄 것이다. 하지만 아이가 장난감을 빼앗지 못하도록 한계를 설정한다면, 뺏는 것과 만족감 사이의 연결이 만들어지지 않는다. 그러면 잘못의 반복을 피할 수 있다.

한계가 없으면

공격하면 → 원하는 것을 얻는다.
다시 공격한다.

한계가 있으면

공격해도 → 원하는 것을 얻지 못한다.
다시 공격하지 않는다.

한계를 설정하는 것은 아이의 자기통제 능력을 강화시킨다. 원하지 않는 행동을 잘라낼 뿐만 아니라 쉽게 다른 대안을 찾을 수 있게 한다. 아이는 대안을 이용하여 좀 더 유연해지고 적응을 잘할 수 있게 된다.

한계설정을 시작해야 할 때

부모들은 별로 의식하지 않지만, 한계는 아기가 태어나는 순간부터 삶의 일부가 된다. 따라서 한계에 조금씩 적응해나가는 것은 아이에게 너무나 중요하다. 엄마 뱃속에 있을 때 아기에게는 어떤 형태의 한계도 존재하지 않았다. 아이와 엄마는 하나로 묶여 있었고, 두 사람 사이엔 전혀 장벽이 없었다. 엄마 뱃속에서 느꼈던 이 하나됨의 기분과 무한한 평화의 기억으로 인해 어른이 되어서도 한계를 수용하는 데 어려운 건지도 모른다. 그렇지만 이는 삶의 법칙이다. 세상으로 나오는 순간 모든 것은 달라질 수밖에 없다. 운이 좋다면 출산 직후 처음 몇 시간 동안 엄마와 살을 맞대고 있을 수 있겠지만, 곧 엄마는 화장실을 가거나 씻거나 먹으러 자리를 떠야 한다. 첫 헤어짐을 경험하게 된다. 그때부터 아이가 아무리 내켜하지 않아도 원하는 것을 얻을 수 없는 이 같은 순간은 계속될 수밖에 없다. 피할 수 없다. 세상 첫날부터 한계는 운명처럼 다가오는 법이다.

부모가 처음으로 한계를 설정하고자 하는 경우는 대부분 아이가 행동반경을 벗어나 뭔가를 잡으려고 할 때이다. 아기가 꼭 안긴 상태에서 바닥으로 내려오고 싶어 몸부림을 칠 수 있고, 기저귀를 갈 때 몸을 비틀 수도 있다. 이런 순간에는 표백제 병의 규칙을 상기해야 한다. 아이를 차분하게 애정과 믿음으로 붙잡아야 하는 것이다. 물론 아이가 어떻게 뒤집기를 하는지, 바닥에서 발견한 물건으로 어떤 모험을 벌이는지 즐거운 마음으로 지켜볼 수

지금 뭔가를 원하지만… 나는 조금 기다릴 수 있어.

도 있다. 그렇지만 그 순간 진짜 부모가 원하는 것이 기저귀를 가는 것이거나 아이를 다른 장소로 데려가는 것이라면, 차분하면서도 단호하게 꼭 붙잡은 다음 다정한 목소리로 이야기해야 한다.

"지금은 안 돼. 조금만 기다려."

이렇게 하면 평생 아이를 도와줄 연결을 아이 스스로 만들도록 할 수 있다.

한계설정 자체가 아이에게 부탁하는 것인 만큼 그리 쉽지 않을 때도 있다. 특히 아이가 성장하면서 '지금은 안 돼.'에서 '안 돼.'로 바꿔야 하는 경우가 많아진다. 그래도 적용해야 할 원칙은 똑같다. 안 된다고 확실하고 분명하게, 차분하면서도 상냥하게 말을 한다면 아이도 받아들인다.

아이가 후다닥 아침식사를 마치고 등교 전에 만화영화를 보고 싶어 하는 상황을 생각해보자. 슬그머니 거실에 앉아 텔레비전을 켤 수 있다. 하지만 학교 가는 날엔 아침에 TV를 볼 수 없다는 규칙이 명확히 있다면, 아이가 일찍 일어나 번개처럼 아침을 먹었다고 해도 텔레비전과 관련된 규칙을 바꿔주면 안 된다. 이런 경우 부모들은 흔히 두 가지 선택지가 있다. 말없이 텔레비전을 꺼버리거나, 아이에게 다가가 아침식사를 아주 잘했다는 것까지는 인정해주고 텔레비전 대신 그림책 한 권을 함께 읽자고 유도할 수도 있다. 이 두 가지 경우 모두 한계를 지키게 했지만, 엄청나게 다른 결과를 가져온다. 첫 번째 경우, 몇 분이 지나면 어쩔 수 없이 부모의 결정을 받아들이겠지만 처음엔 분명 화를 낼 것이다.

한계를 수용하도록 하는 방법에는 여러 가지가 있다. 어떤 방법은 태풍을 몰고 올 수도 있고 부모자식 간의 관계가 손상될 수도 있다. 반면, 어떤 방법은 갈등을 예방할 수도, 동시에 상호신뢰를 구축할 수도 있다.

상처 없는 한계 설정의 7가지 황금률

* **직후.** 만일 처음으로 아이에게 어떤 한계를 설정했다면, 적절하지 않다고 생각되는 그 행동을 못 하게 지켜보아야 한다. 이렇게 해야 아이의 뇌에서 첫 번째 부정적인 결합이 만들어지는 것을 피할 수 있다. 부정적인 행동이 씨를 뿌리고 자가발전하는 것을 미연에 방지하는 것이다.
* **선제적으로.** 아이가 막 위험하거나 부정적인 행동을 하려는 것을 보았다면, 일단 못 하도록 멈춰야 한다. 부정적인 행동은 일어나기 전에 막는 것이 습관화된 다음에 고치는 것보다 20배는 효과적이다. 인생의 수고로움을 덜 수 있다.
* **언제나.** 적절하지 않은 행동을 포기시켰다고 해서 다시 그 일

을 시도하지 않을 거라고 생각해선 안 된다. 아이들은 호기심이 많고 집요하다. 한계를 효과적으로 강화시키는 가장 중요한 열쇠는, 아이의 뇌에 선명하고 현재형으로 존재하게 하는 것이다.

* **일관성 있게.** 아빠가 아침에는 만화영화를 절대 볼 수 없다고 했는데 엄마가 수시로 이를 허용한다면 아무 소용이 없다. 아이의 성장에 어떤 규칙이 필요한지 배우자와 합의해야 한다.

* **평온하게.** 효과적으로 한계를 설정하는 방법은 부모들이 마음의 평정심을 유지하는 데 있다. 아이에게 소리를 지르거나 지나치게 예민하게 행동하면 한계를 관리하는 역할을 맡고 있는 대뇌피질이 무력화될 수 있다. 그 경우 백약이 무효하고, 아이가 듣거나 이해하거나 배우기가 어렵다.

* **믿음을 가지고.** 누군가를 안내할 때 가장 중요한 것 중의 하나는, 어디로 안내하려고 하는지 잘 알고 있다는 믿음을 주는 것이다. 아이가 만약 자신이 할 수 있는 것과 할 수 없는 것의 구분에 대한 신뢰가 있다면 차분하게 대응할 것이고, 지시한 규범을 따라야 할 때도 좀 더 동기유발이 된다. 가급적 쓸데없는 논쟁을 줄이고 부모의 의견을 바꾸는 것이 쉽지 않다는 것을 알게 해야 된다.

* **애정을 가지고.** 한계가 애정을 바탕으로 설정되었을 때, 아이는 한계가 자기를 공격하기 위한 것이 아니라는 것을 이해하고, 반드시 지켜야 할 규칙이라는 것도 쉽게 받아들인다. 좌절의 정도도 작아지며, 부모와의 관계 역시 악화되지 않는다.

한계설정은 극적일 필요는 없으나 조금 재미있게 만들 수는 있다. 예를 들어 신을 신기려고 하는데 아이가 맨발로 도망친 상황. 우리는 '어휴 창피해!'라고 말하며, 아이를 붙잡아 웃음 띤 얼굴로 신발을 다 신길 때까지 도망치지 말라고 할 수 있다. 아이가 뭔가를 바닥에 던지고서 줍지 않는다면, 심각한 얼굴을 할 수도 있지만 반대로 아이를 양탄자에 눕히고 간지럼을 태우며 '이런, 이 장난꾸러기!'라고 말하며 아이가 던진 것을 줍도록 하면 된다. 한계설정은 극적인 장면을 연출하는 데 있지 않다. 정한 규칙을 따라 아이가 행동할 수 있게 만들기만 하면 된다. 문제가 있을 때 약간의 놀이를 가미하는 것은 긴장을 완화시켜줄 뿐만 아니라 아이가 죄책감을 느끼지 않게 만드는 부수효과도 있다. 놀면서도 아이와의 관계를 강화시킬 수 있는 아주 좋은 기회다.

한계의 다양한 얼굴

확실히 너무 냉정하거나 엄격한 한계도 더러 있다. 설정한 규범이 어떤 상황에서도 깨져서는 안 되는 하나의 도그마처럼 보일 때도 있다. 현실과도 괴리가 있다. 한계를 설정할 때 부모가 반드시 고려해야 할 것은, 규범을 따라야 하는 당사자인 아이의 니즈다. 아이가 절대로 목표에 도달할 수 없다는 것을 알았을 때 어떤 기분이 들까. 아이가 규범을 수용하고 지킬 수 있는 능력을 갖춘 사람으로 성장하도록 가르치는 것도 중요하지만, 한계를 벗어난 상황의 경험을 쌓는 것도 못지않게 중요하다. 다시 말해 한계를 지키도록 하는 것도 중요하지만 경우에 따라서는 한계를 깰 수 있다는 것도 알아야 한다. 다양한 한계의 종류에 대해 알아보자.

* **결코 깨면 안 되는 한계.** 아이의 안전을 위해 절대적으로 필요한 것들. '손가락이나 젓가락을 콘센트에 집어넣어서는 안 된다'와 같은 것이다. 거리를 건널 때는 어른과 손을 잡고 건너야 하고, 혼자서 너무 높은 곳에 올라가면 안 된다는 것도 있다. 표백제를 만지거나 마시면 안 된다는 것도 포함된다. 이 외에도 많다.

* **행복한 삶을 위해서 반드시 필요한 한계.** 이 한계는 백 번 양보해도 거의 언제나 유효하다. 아이의 발전과 행복한 삶을 위해 매우 중요하기 때문이다. 그렇지만 아주 드문 경우에 미묘하게 예외를 인정할 수 있다. 예를 들어 다른 아이를 때려서는 안 되지만, 다른 아이들이 못살게 굴면 자신을 방어할 수 있어야 한다. 끼니를 거르지 않고 매일 식사를 해야 하는 것도 중요하지만, 배가 아픈 날에는 식사를 하지 않는 것이 옳다. 이러한 한계들은 부모의 판단과 기준으로 생각해야 한다. 때리지 않기, 침 뱉지 않기, 거짓말하지 않기, 욕설하지 않기, 너무 자주 군것질을 하지 않기, 끼니 거르지 않기가 이에 해당한다.

* **가정생활에 필요한 한계들.** 대부분 부모들이 질서를 잡기 위해,

가정생활을 원활하게 하기 위해 설정한 것이다. 이런 한계는, 주말이나 휴가 중에, 손님이 찾아왔을 때, 아이에게 해방감과 행복감을 주기 위해, 함께 외출을 했을 때 등에는 좀 풀어줄 수도 있다. 매일 씻어야 한다, 저녁 먹은 다음에 아이스크림을 먹으면 안 된다, 만화영화는 하루에 한 시간만 봐야 한다, 이를 닦아야 한다 같은 것들이다.

한계는 부모가 허용하는 경우 깰 수도 있고 상황에 따라 바뀔 수도 있다. 한계의 이런 속성을 이해시키면 살아가는 데 필요한 융통성을 아이에게 전해줄 수 있다. 토요일 하루를 할머니 댁에서 보내고 그곳에서 자기로 했다면, 하루 정도는 이를 닦지 않을 수도 있고 잠옷을 입지 않을 수도 있다. 상황에 따라 규칙을 깰 수 있는 것은 아이의 뇌에 유연성이라는 큰 가르침을 준다.

기억합시다

아이가 한계를 깨닫고 잘 지키도록 하는 것은, 아이의 지적 감정적 발달을 돕고 싶은 모든 부모에게 아주 중요한 과제다. 한계설정에 대해 마음의 불편을 느낄 필요는 전혀 없다. 한계는 태어나면서부터 누구에게나 일어나는 삶의 일부분이다. 행동을 하기 전, 그것이 습관으로 굳어지기 전에 반드시 한계를 설정하자. 아이에게 입맞춤을 해주는 것과 똑같이, 단호하면서도 차분하게 애정을 가지고 한계를 설정한다. 이는 아이 뇌의 일정 부위를 발달시킬 뿐 아니라, 삶의 목표달성과 행복에 기여한다.

10
협력을 이끌어내는 대화법

교육의 관점에서 본다면 집에서 이루어지는 대화가
가장 큰 영향을 준다.

윌리엄 템플

좋은 대화는 두 사람을 긴밀하게 연결시켜준다. 부모자식 간에
좋은 대화가 이루어진다면, 아이가 스스로 자신의 생각과 감정,
사유방식을 서로 연결할 수 있게 된다. 아이의 뇌에 자극을 주는
게 무척 간단한 방법으로도 가능하단 사실을 기쁜 마음으로 말씀
드린다. 복잡한 기술과 훈련법이 필요한 게 아니다. 매일매일 지
구상 수백만 가정의 부엌, 침실, 욕실에서 부모들이 아이들의 뇌
신경세포의 연결을 도와 지성·감정 능력을 발전시키는 일을 수
행하고 있다. 이 일에 필요한 매우 단순하지만 대단히 효과적인
도구는 바로 대화이다.

많은 연구 덕분에, 출생 후 첫 6년 동안 부모와의 대화가 지적

― 영국 성공회 주교. 캔터베리 대주교로 사목하였다.

인 발전으로 통하는 가장 중요한 길이라는 것을 알게 되었다. 기억, 집중, 추상화, 자기통제, 언어 능력을 꽃피우기 위해선 적극적인 대화가 필요한 것이다. 아이의 두뇌는 인간 고유의 지적인 능력을 배우고 얻기 위해 잘 구조화되어 있다. 하지만 부모로부터 자극과 대화가 없으면 시원하게 발전할 수 없다. 예를 들어 단어를 이해하고 발화하는 능력은 어떤 사람에게나 선천적이지만 아이 혼자서는 이 능력을 꽃피울 수 없는 것이다. 언어라는 도구를 얻기 위해서는 어른들로부터 주어지는 자극이 필요하다. 제아무리 세르반테스나 셰익스피어라도 부모의 도움을 받아 먼저 말하는 것부터 배워야 한다. 지성은 주로 부모자식 간의 대화 덕분에 발전하는 능력이다. 만일 아인슈타인이 침팬지에 의해 길러졌다면 절대로 말하는 법을 배우지 못했을 것이고, 그의 무한한 추론 능력도 나무와 바나나라는 지극히 제한된 세계에 갇혀버렸을 것이다. 지금부터 좀 더 효과적인 방법으로 아이의 뇌와 연결되는 대화기술에 대해 살펴보자.

협력을 이끌어내는 대화

가장 일상적인 상황을 상상해본다. 부엌이 엉망이 되었는데 꼼짝없이 내가 정리할 수밖에 없는 상황이다. 그렇지만 솔직히 정리하고 싶지 않다. 다음 두 가지 사례 중 어떤 것이 배우자의 협력을 이끌어낼 수 있을지 생각해본다.

사례 A

부엌이 돼지우리가 되었잖아. 지금껏 당신이 치우기만을 기다리고 있었는데, 아무것도 하지 않고 텔레비전만 보고 있어. 지금 당장 부엌 좀 치워.

사례 B

부엌이 상당히 지저분해진 것 보이지? 저녁 먹을 것이 아무것도 없어서 준비하느라 좀 지쳤거든. 텔레비전 끄고 부엌 좀 정리해주면 안 될까? 나 좀 도와줄 수 있어?

첫 사례는 꼬치꼬치 따지는 것을 좋아하는 스타일의 대화를 보여준다. 반면에 두 번째는 '협력을 이끌어내는 대화'의 예가 된다. 협동을 이끌어내는 대화는 부모와 자식 간의 대화를 주로 연구한 일레인 리스, 로빈 피부시 같은 심리학자들 연구에서 유래한 대화방식이다. 이 같은 대화는 어떤 과제에서든 아이가 협력할 가능성을 높여준다. 아이를 저녁 식탁에 부를 때, 장난감 방을 정리하길 원할 때, 부모의 얘기를 좀 더 주의 깊게 듣길 원할 때 등등. 이런 방식은 행동발달장애나 주의력결핍, 혹은 인지능력이 떨어지는 아이들과 일하는 전문가들 사이에서 널리 알려진 대화 기술이다. 이렇게 넓게 퍼져 나갈 수 있었던 이유가 있다. 그 사람이 평생 사용해온 대화 스타일이 어떻든 간에 훈련을 통해 얼마든지 교정이 가능하기 때문이다.

그렇다고 협력을 이끌어내는 대화가 무오류의 기술은 아니다.

아이가 협력을 원치 않을 가능성은 언제나 존재한다. 그럼에도 이런 스타일의 대화를 했을 때 더 많은 협력을 이끌어낼 수 있다. 이 대화 기술이 지닌 최고의 장점은 아이의 협력을 용이하게 이끌어낸다는 점보다 아이를 어른들의 생각과 잘 연결시켜준다는 데 있다. 협력을 끌어내는 대화의 4가지 포인트는 다음과 같다.

팀 과제로 해보세요

협력을 이끌어내는 대화의 효용성은 아이의 협력을 적극적으로 요구하여 한 팀으로 과제를 수행하는 데 있다. 아이들은 누군가와 함께한다는 느낌을 받으면 혼자 할 때보다 과제를 훨씬 더 쉽고 즐겁게 할 수 있다. 부모들 역시 아이 교육에 좀 더 나은 방법을 배우기 위해 학부모 모임에 참여하지 않는가. 누구나 함께 할 때, 어려워 보이는 과제도 쉽게 할 수 있다. 아이에게 '방 좀 치워라!'라는 말은 '같이 방 좀 치울까?'보다 훨씬 더 어렵고 혼자라는 생각이 들게 만든다. 이것이 바로 말하는 방법이다. 부모가 방을 치울 필요는 없다. 아이의 뇌가 생각하기에 뭔가 일이 좀 쉬울 것 같다는 생각이 들도록 메시지를 던진 것뿐이다.

협조를 요청하세요

두 번째, 협력을 이끌어내는 대화법. 어른이 협조를 요청하고 있다는 사실을 이해하면 아이들은 긍정적으로 대답할 가능성이 커진다. 이유는 간단하다. 인간은 사회적 동물이다. 언제나 누군가와 함께하고 있다는 느낌을 받길 원한다. 뿐만 아니라 타인에게 도움을 주고 싶어 하며 그것을 즐긴다. 유전적으로 그렇다. 연구 보고서들에 의하면, 인간은 태어난 지 18개월 정도가 되면 도움이 필요한 사람을 도와주려는 충동을 느낀다고 한다. 이 정도 나이면 아이도 다른 사람의 손이 미치지 않는 물건에 다가갈 수 있기 때문이다. 뿐만 아니라 한 살 두 살 나이가 들수록 슬퍼하는 사람을 위로해주고, 도움이 필요한 사람을 도와주고 싶어 하는 경향이 두드러진다. 이러한 경향은 특히 가족 안에서 강하게 나타난다. 아이는 부모를 도와주고 싶어 하고, 부모와 함께 있고자 한다. 자주 아이에게 협조를 요청하거나 협력을 제공해라. 부모에 대한 관심이 더 강해질 것이다. 아이가 장난감을 잘 정리하기를 원한다면, '장난감을 잘 정리해!'라고 명령하지 말고 '장난감 치우는 것 좀 도와줄래?'라고 말한다.

생각할 수 있게 해보세요

협력이 아이에게는 상당히 힘든 과제가 되는 경우도 가끔 있는데, 부모와 생각이 똑같지 않기 때문이다. 이런 경우가 있다. 밤은 깊어 가는데 아직 저녁식사도 끝내지 못했고, 아이에게 아주 특별한 동화를 읽어주겠다는 약속도 해놨다. 이럴 때 부모는 신경이 예민해지기 시작하고, 아이에게 서두를 것을 요구한다. 아이는 정말 행복한데 별거 아닌 식사 같은 일에서 문제가 만들어지는 것이다. 이럴 경우 아이의 관심을 돌리고 싶으면 이런 말이 유용할 수 있다.

"아들, 주목해봐. 좀 늦어지는 것 같네. 서두르지 않으면 낼 학교에 늦겠는데."

"네 동생이 아주 피곤한 모양이야. 낮잠을 자지 못해서 그런가봐. 조금만 건드려도 울어버릴 것 같으니 지금은 놀지 않는 게 좋겠다."

부모 입장이 되어보게 하는 질문을 던질 수도 있다.

"우리가 그것을 정리한다면 어떨 것 같니?"

"네 생각은 어떠니?"

부모의 생각 속으로 끌어들일 수 있다면 아이는 부모가 무엇을 느끼는지, 또 무엇을 원하는지 더 잘 이해할 수 있다. 그렇다면 협력의 가능성도 더 커진다.

자유를 주세요

어떤 일을 하라고 명령하지 않고 어느 정도 자유를 허용한다면, 아이 스스로 할 가능성이 커진다. 누구나 스스로 선택하길 원하고, 강요받는다는 느낌을 받을 때 화가 난다. 아이 역시 마찬가지다. 아이에게 자유를 주면 훨씬 더 협력을 잘한다. 자신이 존중받고 인정받고 있다는 느낌을 갖기 때문이다. 아이에게 '더러워진 옷은 바구니에 넣고, 파자마를 입어라!' 하고 말하기보다 '어떻게 하고 싶니? 파자마를 먼저 입을래? 아니면 더러워진 옷을 먼저 바구니에 넣을래?' 하고 질문을 던지면, 어려웠던 상황이 긍정적인 순간으로 변환된다. 아이에게 수프를 먼저 먹을지 생선을 먼저 먹을지, 유아용 치약으로 이를 닦을지 어른 치약으로 닦을지, 욕조 목욕을 할지 샤워를 할지 선택권을 줄 수 있다. 아이가 좀 더 협력을 잘할 뿐만 아니라 스스로 결정하는 능력을 배울 수 있다. 선택지는 많다.

기억합시다

아이들을 협력하게 하는 과정에서 대화방식이 결과를 다르게 만들 수 있다. 가장 효과적인 대화방식은 팀처럼 일하게 만드는 것이다. 협력을 구하고, 아이가 어른의 생각 속으로 들어가도록 하고, 결정을 내리는 과정에 직접 참여하고 있다고 느끼게 한다. 협력적인 대화라고 해도 무결점의 완벽한 방법은 아니다. 그러나 아이가 어른의 입장이 되어본다면 협력하게 될 가능성이 의미 있는 수준으로 증가한다.

III
감정지능 심기

> 당신이 감정 기술을 익히지 못했고 스트레스 통제
> 력이 약하다면, 또 주변 사람들에 대해 공감과 애정
> 이 부족하다면, 아무리 머리가 좋아도 소용없다. 더
> 멀리 나아갈 수 없을 테니까.
>
> 대니얼 골만

아이의 뇌는 컴퓨터와 달리 말랑말랑하고 감성적이다. 말할 필요
도 없이 감정 뇌가 매우 중요한 역할을 하는 시기이다. 아이들은
환상, 분노, 욕망, 두려움에 의해서 움직인다. 그러므로 아이의 감
정을 이해하는 법, 감정과 대화를 나누는 법, 감정 발달을 지원해
주는 법을 알아야 한다.

― 세계적인 심리학자이자 영향력 있는 경영사상가. 감성지수라는 개념을 만들어
   IQ보다 EQ가 중요하며, EQ는 학습을 통해 계발할 수 있다는 주장을 함으로써
   교육의 패러다임을 바꿨다.

태어나서 첫 6년 동안엔 감정 뇌가 더 중요하고 더 많은 역할을 수행한다. 이 기간 부모와의 관계가 특히 강조되는 이유다. 최근의 많은 연구 덕분에, 우리는 감정 뇌가 어른들 삶에도 결정적인 역할을 한다는 사실을 알게 되었다. 갓 태어난 아기가 눈을 뜨고 처음으로 나를 쳐다볼 때, 고사리 같은 작은 손으로 내 손가락을 꼭 움켜쥐었을 때, 처음으로 걸음마를 떼었을 때, 품 안에서 잠들었을 때, 진한 감정을 느끼지 않을 사람이 누가 있을까. 아이가 우리 삶으로 들어오는 순간 부모들은 진정으로 감동의 도가니에 빠지게 된다.

　이런 소중한 순간들에서 받은 감정의 충격이 선명할 테지만, 삶의 다양한 측면에서 감정 뇌가 미치는 영향을 제대로 인식하는 사람은 많지 않다. 감정 뇌는 우리 일상적 삶의 모든 행위에 직접 모습을 드러낸다. 물건을 살 때, 매일 아침 대중교통을 이용하면서 좌석을 선택할 때, 노란 신호등에서 길을 건널까 말까 망설일 때, 저녁식사로 무엇을 먹을까 결정할 때, 우리의 감정 뇌는 각각의 대안에 대해 어떤 느낌인지 알려준다. 삶의 가장 중요한 결정, 예컨대 평생을 같이 할 사람을 선택하거나, 회사에서 프로젝트를 기획하거나, 집을 사는 결정을 내릴 때에도 감정 뇌는 지성 뇌에 대해 강력한 영향력을 행사한다. 우리가 일상에서 내리는 대부분의 결정은 감정에 기초하고 있고, 오히려 이성에 기초한 결정은 매우 비율이 낮다. 이러한 의미에서 감정은 우주의 암흑물질(관측할 수 없으나 우주에 대량으로 존재한다고 여겨지는 물질 – 옮긴이)과 같은 것이다. 눈에 보이진 않지만 대략 두뇌 에너지의 70%

정도로 추정된다.

최근 수십 년 동안 우리의 삶과 직접적으로 연결된 문제에서 심리학이 밝혀낸 것이 있다면, 인간은 지성지능뿐 아니라 감정지능까지 가지고 있다는 사실이다. 감정지능은 감성지능, 정서지능으로 불리기도 한다. 대니얼 골만이 〈감성지능〉이라는 책을 발표한 이래, 이 개념의 인기와 적용은 다양하게 확장되어왔다. 골만에 따르면, 논리적인 문제를 해결하는 데 사용하는 지성지능이 있는 것과 마찬가지로, 목표를 달성하고 타인에 대해 좋은 느낌을 가질 수 있도록 도와주는 감성지능이 있다는 것이다. 이미 살펴본 것처럼, 인간의 두뇌에는 '감정 뇌'라고 부르는, 감정적인 면을 책임지고 있는 처리영역이 있다. 감정지능이 제공하는 가장 중요한 역할은 사람이 기분과 감정을 느낄 수 있도록 해준다는 것. 오늘날엔 마음의 평정을 경험하는 자체가 복잡한 수학문제를 푸는 것만큼이나 중요한 지능의 척도다.

몇 년에 걸친 연구 끝에 우리는 감정지능이 높은 사람들이 더 행복할 뿐만 아니라 정확한 판단을 내리고, 사업에서도 더 큰 성공을 거두고 리더십도 강하다는 사실을 알게 되었다. 타인을 상대해야 하는 다양한 삶의 영역에서, 감정지능이 발달한 사람들이 많은 장점을 가진다. 개인적으로 보면 나와 아내 모두 교육과 관련된 부분에서는 감정적인 면에 많이 기우는 편이다. 감정적인 사람이라는 게 아니다. 아이들의 감정 개발에 더 많은 관심을 가지고 있다는 뜻이다. 신경심리학자로서 감정 뇌의 토대 위에 지성 뇌가 구축된다는 것을 알고 있기 때문이다.

아이들을 심적으로 편안하게 해주기 위해서, 다른 사람들과 바람직한 관계형성을 위해서, 그리고 목표달성을 위한 능력 측면에서도 감정지능은 매우 중요하다. 아이의 감정 뇌 개발을 어떻게 효과적으로 가능하게 할 수 있을까? 지금부터 이 감정지능의 구성요소, 그리고 아이의 감정 뇌에 영양을 공급할 수 있는 원리와 전략들을 살펴보자.

11
유대감은 힘이 세다

유년기는 어른이 되었을 때 뛰어놀게 될 정원이다.

무명씨

심리학자들이 '유대감'을 거론할 때는, 아이와 부모, 그리고 아이를 둘러싸고 있는 세계와 맺게 될 관계를 말하는 것이다. 아이의 세계는 작다. 어떤 아이든 엄마가 세상에서 제일 예쁘고 가장 착하며 가장 똑똑하다고 생각한다. 아빠는 이 세상에서 가장 힘이 세고 가장 용감하다고 생각한다. 아이에게 있어 부모는 하늘이며, 땅이고, 우주의 중심이다. 이에 기초하여 자기를 둘러싸고 있는 세계가 어떻게 생겼는지 이미지를 만들어나간다. 포근하고 애정이 넘치는 부모를 충분히 겪었다면 세상을 환상적이고 안전한 곳으로 느낄 것이다. 만일 부모 중 한 사람이 지나치게 권위적이거나 냉혹하고 엄격한 성격이었다면, 스스로를 가치 없는 인간이라고 느낄 수 있고, 자신의 문제는 별로 중요하지 않다고 생각할 수 있다. 또 스스로나 타인에 대해 만족을 느끼기 어려울 수도 있다.

대부분의 심리학자들은 부모와 자식 간에 맺어진 유대감이 자존감의 열쇠가 된다고 믿는다. 아이가 무조건적으로 안전을 보장받고 따뜻한 사랑을 무한히 받고 있다고 느끼면, 스스로를 가치 있는 사람으로 행복하게 살 자격이 있다고 믿으며 성장한다. 자존감 있는 아이로 성장하도록 돕는 것은 행복한 삶의 가능성을 제공하는 것이다.

세상에는 모든 것을 다 가졌음에도 불행한 사람이 많다. 좋은 일자리와 친구, 사랑스러운 배우자와 많은 재산, 아름다운 가족이 있다 해도 스스로의 가치를 인정하지 않는다면, 스스로를 사랑하지 않는다면, 살면서 성취한 그 무엇도 중요하다는 생각이 들지 않을 것이다. 그러므로 아이가 자신에 대해 기분 좋게 느끼도록 도와주는 것보다 중요한 일은 없다. 이번 장에서는 감정 뇌 교육에 대해, 그리고 아이의 자존감을 키워주는 비결을 함께 연구할 것이다.

우리는 미국의 심리학자인 해리 할로우 덕분에 유대감의 중요성을 잘 알게 되었다. 그는 유년기 학습과정에 대해 심화연구를 할 목적으로 위스콘신 대학에 갔다. 실험실에서 그는 일반적인 쥐 실험보다는 주로 인간을 닮은 마카크 원숭이를 이용하여 연구했다. 어느 실험이나 마찬가지지만 중요한 문제는 모든 변수들을 엄격하게 통제하는 것이다. 이를 위해 할로우 박사는 똑같이 생긴 원숭이 우리를 여러 개 만들었다. 모든 새끼 원숭이들을 정확하게 똑같은 시간에 어미 원숭이들로부터 격리시켰다. 빛과 어둠에 노출된 시간을 엄격히 정하고, 식사와 물을 동일한 분량으

해리 할로우 박사의 원숭이 애착실험

로 제공했다. 애초 할로우 박사는 새끼 원숭이들에게 몇몇 학습과 관련된 실험만을 진행하려 했는데, 금세 뭔가 이상하다는 것을 느꼈다. 엄마의 손길을 잃은 원숭이들이 심각한 심리적 문제를 보이기 시작한 것이다. 1/3 조금 넘는 정도가 우리 구석에 처박혀 무기력하고 처량한 모습을 보였다. 또 다른 1/3은 공격적인 성향을 드러내며 돌봐주는 사람이나 다른 원숭이를 공격했고 끊임없이 우리 안을 서성대면서 불안해했다. 나머지도 불안과 고통으로 어쩔 줄 모르는 모습이었다. 할로우 박사는 이 발견이 중요하다는 것을 알아차렸다. 이후부터 그는 평생을 '애착'에 대한 연구에 바쳤다.

그는 어미를 볼 수 없었던 원숭이에게 헝겊으로 만든 인형을 넣어주는 실험을 했다. 새끼 원숭이들은 온 마음을 다해 헝겊 인형을 껴안고 잠을 잤으며, 별다른 심리적인 장애를 겪지 않았다. 애착 욕구의 힘을 확인하기 위해 실시한 다음의 실험은 더 많은 것을 밝혀주었다. 매일 밤 할로우 박사는 원숭이들을 두 개로 분리된 우리 중 선택해서 잠을 자게 했다. 첫 번째 우리에는 따뜻한 젖병이 있지만 철사로 만든 엄마인형과 함께였고, 두 번째 우리에는 젖병이 없고 헝겊으로 만든 엄마인형만 있었다. 모든 새끼 원숭이들은 몇 시간씩 아무것도 먹지 못하면서도 포근한 느낌의 헝겊으로 만든 엄마와 밤을 보냈다.

아이의 성장 과정에서 유대감이 얼마나 중요한지 연구한 논문들은 엄청나게 많다. 그러나 원숭이들을 이용한 실험 하나만으로도 감정 뇌의 건강한 발전을 위해선 모자간의 관계가 정말 중요하다는 것을 충분히 알 수 있다. 아이가 부모의 팔에 안겨 있을 때 느끼는 안정감이 모든 감정을 개발하는 데 토대가 된다. 신뢰와 안정에 기초한 유대감이 없으면 아이는 타인이나 세상과 관계 맺는 일에 심각한 어려움을 겪는다.

어떻게 보면 지금의 아이들은 특권을 누리고 있는 셈이다. 불과 30, 40년 전만 해도 건강한 감정 개발에서 강한 애정이 갖는 중요성을 몰랐다. 오히려 그때까지만 해도 완전히 정반대의 개념이 확고했다. 아이의 양육에서 가장 일반적인 조류가 엄격한 훈육과 매우 적은 분량의 애정이었다. 아이의 성격을 벼리기 위한 처방이 그랬다. 많은 경우 어린 나이에 기숙학교에 들어가야 했고, 심하게 권위적이던 부모들은 온정으로 자식을 대하는 어머니들을 꾸짖었다. 다행히 조류가 바뀌었다. 오늘날 우리는 믿음과 확신을 기초로 하여 우리 아이들이 세상과 어떻게 유대를 맺을지, 그들을 어떻게 도와주어야 하는지 안다.

애착 호르몬

진정한 의미에서 가족의 결속은 절대로 혈연에서 오는 것이 아니다. 오히려 애정과 상호 존중을 통해 강화되는 법이다. 아이에게 애착은 엄마 뱃속에서 시작된다. 임신 6개월째부터 아기도 엄마의 목소리를 인식할 수 있다. 아기가 처음으로 이별을 느끼는 출산의 순간에는 더 또렷하게 인식한다. 그때까지 아기는 엄마와 하나였기 때문에 자신의 존재를 느낄 필요가 없었다. 정말이지, 출산의 순간은 아기와 엄마 모두에게 아주 특별한 경험이다. 엄마는 책을 읽으며 태교 과정도 밟았고, 아빠와 함께 아이를 보기까지 몇 달을 기다렸다. 그러나 아이의 입장에서는 어떤 일이 벌어질지 아무런 생각이 없었다. 누구를 기다리지도 않았고, 엄마와의 첫 만남을 기대하며 품은 들뜬 마음도 없었다. 그러나 공동의 경험이 두 사람을 하나로 묶어놓았다. 두 인간이 맺을 수 있는 최고로 강한 결속이다. 사랑하는 사람과 헤어져 도저히 살 수 없을 거라고 생각했던 순간조차도, 좋아하는 모든 노래를 하나에 담은 것처럼 사랑하는 사람조차도, 아기와 엄마의 결속보다 더할 수는 없다.

태어나는 순간 느끼는 신비한 유대감의 일부는 호르몬, 즉 옥시토신의 작품이다. 출산의 순간에 분비되는 이 마법의 호르몬은 고통을 참을 수 있게 한다. 이것이 사랑의 호르몬이기도 하다는 사실은 잘 몰랐을지도 모르겠는데, 출산을 전후해서 몇 시간 내내 엄마와 아이의 뇌에선 옥시토신이 최고조에 달한다. 둘 사이에 결속이라는 독특한 느낌이 생겨나는 것은 이 때문이다. 그 뒤 몇 달 동안 엄마와 아이는 젖을 주거나 젖병을 물릴 때, 팔에 안고 있을 때, 시시때때로 육체적인 접촉을 나누고 시선을 교환하면서 강한 친밀감을 만들어간다. 엄마의 달콤한 말소리가 아이의 청각기관을 간질인다. 부모 또한 기저귀를 갈고, 옷을 입히고, 목욕시킬 책임감을 자연스레 받아들이며 자식과의 유대감을 쌓아간다. 이 시기의 육체적인 접촉과 교감을, 주고받은 시선을 잘 간수하면 결속을 평생 가져갈 수 있다.

안전한 환경을 만들어주세요

아이의 뇌는 앞으로 무슨 일이 벌어질지 알고 있을 때 안전하다는 느낌을 받는다. 단순하고 반복적인 일상은 아이에게 차분하고 안전하다는 느낌을 갖게 한다. 견실하게 구성된 시간표, 예를 들어 옷을 입고, 식사를 하고, 목욕을 하고, 잠을 자는 일상을 규칙적으로 유지하는 것이 아기가 좀 더 평온하게 지내고, 좀 더 잘 먹고, 좀 더 빨리 잠드는 습관을 들이는 데 효과적이다. 태어난 후 처음 몇 달 동안은, 아기가 지내는 공간을 일정하게 유지하는 게 좋다. 기저귀나 옷을 갈아입힐 때, 혹은 잠을 재우기 위해 사용하는 말까지도 일정하게 유지하는 것이 좀 더 안전하다는 느낌을 준다. 그렇다고 자로 잰 듯 판에 박힌 듯 너무 엄격한 생활을 하라는 건 아니다. 지나치게 얽매이는 것은 권하지 않는다. 아기에

게는 안전의 확신과 유연하게 변화를 받아들이는 것, 둘 다 중요
하기 때문이다. 지나치게 엄격한 일상은 아이의 뇌가 작은 변화
에도 불안을 느낄 수 있게 만든다.

세심한 관심이 필요해요

아이와 좋은 관계를 맺기 위해선 여행이나 만화영화, 놀이공원
휴가 같이 아이들이 열렬히 원하는 것을 만족시켜줘야 한다고 생
각하기 쉽다. 사실과는 동떨어진 이야기다. 부모와 아이의 육체
적인 접촉, 가장 기본적인 돌봄이 아이의 애착 형성에 가장 중요
하다. 젖을 주고 식사를 차려주며, 옷을 입히고 씻겨주고, 학교나
소아과 병원에 데려가는 것 등이다. 결론적으로 말해 아이가 진
정으로 필요로 하는 것에 관심을 갖는 것이 안정과 애착에서 가
장 필수적이다. 아이는 자신의 욕구를 스스로 충족시킬 수 없기
때문에 아이의 두뇌는 이를 제공해주는 사람과 연대할 뿐 아니라
애착관계를 형성한다. 부모가 아이의 필요에 세심한 관심을 갖는
것이 정말 중요하다. 엄마와 아빠, 그리고 자신을 둘러싸고 있는
세상과 관계를 만들어가는 것은 아주 작은 몸짓을 통해 이루어지
는 법이니까.

지속적으로 육체적인 접촉을 시도하세요

아이는 조금씩 성장해나간다. 성장하는 과정에서 아이는 손을 잡아주지 않아도 좀 더 먼 거리를 걸을 수 있게 되며, 자기 스스로 먹을 것을 찾고 자기만의 꿈을 꾸고, 당신의 품을 떠나 짧으나마 다른 아이들과 놀면서 시간을 보낸다. 젖을 끊고 걷기 시작하면 부모가 안고 다닐 필요도 없어진다. 혼자 스스로 침대에 들어가 잠을 자기도 한다. 상상하기 싫겠지만 언젠가는 부모에게 뽀뽀를 하지 않으려고 하는 날이 올지도 모른다. 아이가 결혼하면서 당신에게 무관심해지고, 결국 손자와 함께 당신을 방문하는 일조차도 끊어버릴지 모른다. 이런 것은 상상하고 싶지 않을 것이다.

모든 부모들은 평생 자식들과 특별한 관계를 유지할 것을 꿈꾼다. 지속적으로 유대감을 만들어나갈 수 있다면 얼마든지 가능한 일이다. 사실 아이가 아무리 성장해도 뇌는 부모가 곁에 있다는 사실을 늘 생각한다. 우리는 안전을 위해서라도 사람들이 곁에 있는 것을 원한다. 아이와 평생 유지하고픈 유대감을 지속적으로 새롭게 만들어내기 위해서 할 수 있는 일은 정말 많다. 아이를 안아줄 때마다, 머리를 손가락으로 빗어주거나 손을 잡고 학교에 데려다줄 때마다 아이와 부모의 뇌는 옥시토신을 만들어낸다. 둘 사이를 점점 더 가깝게 결속시켜준다. 서로 돕고 응원해주는 행동 또한 옥시토신을 만들어낸다. 이처럼 결속과 상호 신뢰에 기초한 유대감을 형성하기 위해선 육체적인 접촉보다 더 좋은 것이 없다.

가장 좋은 방법은 아이와 함께 노는 것이다. 바닥에 엎드려 아이를 몸 위로 올라오게 한다. 아이가 나를 꼭 안도록 한다. 새로운 놀이를 개발하여, 좀 더 세련된 방법으로 서로를 붙잡고 딱 달라붙을 수 있게 한다. 서로 깨물어도 보고, 아이가 좋아하는 공룡 놀이도 해본다. 무릎에 앉히고 동화도 읽어줘야 한다. 학교에 데려다주고 돌아설 때나 직장에 나갈 때 아이에게 뽀뽀도 하고 안아도 주며 가능한 모든 애정표현을 한다. 이러한 작은 행동 하나하나가 미래의 나와 아이의 커다란 왕궁에 벽돌 한 장이 될 것이다.

쌍방향의 대화를 시도하세요

부모는 아이가 하루 종일 경험한 일을 함께 나누기를 바란다. 그래서 아이가 학교에서 돌아오면 학교에서 있었던 일을 물어보지만, 아이가 여섯 살만 되어도 부모에게 미주알고주알 보고하는 것에 싫증을 느낄 수 있다. 간섭받는 것을 원치 않는 것이다. 부모가 비밀 이야기를 나눌 수 있는 유일한 사람이라는 생각을 하고 싶지 않은 것이다. 이럴 때는 아이에게 '질문하는 것'보다 '쌍방향의 상호대화'를 모색하는 것이 더 효과적이다. 쌍방향의 대화를 하는 것은 그리 어렵지 않다. 부모가 먼저 경험과 불안, 꿈에 대해서 공유하겠다는 생각을 가져야 한다. 하굣길에 아이를 맞으러 학교에 갔을 때, 일을 마치고 집에 돌아왔을 때, 혹은 저녁식사를 하면서 먼저 낮에 있었던 일로 화제를 삼을 수 있다. 별 특별하지 않은 일도 상관없다. '오늘 회사에서 마카로니를 먹었는데, 맛이 아주 좋더라.' '오늘 아침에 회사에 가는데 엄청나게 큰 개를 봤거든.'처럼 아주 평범한 이야기도 괜찮다. 만일 부모가 특별한 경험을 공유하고 싶어 한다는 생각이 아이에게 전달되면 아이 역시 쌍방향의 방식으로 행동하게 된다. 부모가 아이의 세계로 들어가 아이가 흥미를 느끼는 일에 관심을 가진다면, 예를 들어 아이가 좋아하는 만화영화 속 주인공에 대해 이야기하고 아이가 가지고 있는 인형들의 이름을 알려고 노력을 한다면, 아이 역시 부모와 대화하는 것을 즐겁게 받아들일 것이다. 이게 공평한 쌍방향의 상호관계라는 것을 잘 알기 때문이다.

냉담의 섬

우리는 앞에서 공감을 다루면서 '섬엽'에 대해 이야기했다. 두 개의 주름 사이에 숨어 있는 두뇌의 한 부위로 이성 뇌와 감정 뇌 사이의 대화에 가장 중요한 열쇠가 되는 곳이다. 섬엽의 가장 중요한 임무 중 하나는 불쾌한 느낌을 인지하는 것이다. 뭔가 좋지 못한 상태의 불유쾌한 냄새를 맡거나 맛을 보았을 때 반응한다. 이 부위가 활동을 시작하면 우리는 메스꺼움을 느끼게 된다. 즉시 고개를 돌리거나, 냄새가 들어오는 통로를 막기 위해 코를 찡그리거나, 입의 불쾌감을 내보내기 위해 혀를 내밀기도 한다.

불과 몇 년 전에야 비로소 알게 된 사실인데 섬엽의 역할 중 가장 흥미로운 것은, 이 부위가 거짓말이나 부당함을 인식했을 때도 똑같이 메스꺼움을 느낀다는 사실이다. 냄새가 메스껍다는 것과 정신적으로 해를 끼치는 사람에게서 받는 불신의 느낌이 같다는 것이다. 우리 신체뿐만 아니라 정신적인 위해를 가할 수 있는 것으로부터도 멀리 떨어지게 해주는 역할을 한다니! 감탄이 절로 나오는 일이다.

많은 부모들이 아이를 재우기 위해, 밥을 빨리 먹이기 위해, 말을 잘 듣게 하기 위해 별 생각 없이 사소한 거짓말을 한다. 아이를 겁주기 위해 넝마주이가 와서 데려간다든지, 아이에게 약속했던 인형을 사러 가고 싶지 않을 때 가게 문이 이미 닫혔다든지 하는 것이다. 아이를 부모 곁에 지속적으로 두고 싶다면 그리고 부모의 이야기와 세상을 굳게 믿는 사람으로 키우고 싶다면, 스스로 약속을 어기거나 거짓말을 사용해서는 안 된다.

섬엽은 거짓말을 하거나 약속을 지키지 않는 사람들과 함께 갈 생각이 없다. 부모와 자식 간의 관계에서 약속을 어기거나 거짓말을 하는 것은 아이를 심리적으로 부모로부터 멀어지게 만든다. 어떤 연구에 따르면, 뭔가를 요청하는 사람이 언제나 약속을 잘 지켜 신뢰할 만한 사람이라고 간주한다면, 그 요청을 따를 가능성이 두 배로 증가한다고 한다. 아이와 멋지고 지속가능한 관계를 만들고 싶은 부모에게 가장 좋은 전략은 약속을 반드시 지키는 것이다. 부모와 아이 모두 계약을 반드시 지켜야 하고, 한 번 내뱉은 말은 어겨선 안 된다. 이를 위해서는 간단한 규칙 하나면 충분하다.

'지킬 수 없는 약속은 절대로 하지 않는다.
  그리고 약속을 했으면 반드시 지킨다.'

스스로를 가치 있는 사람으로 생각하도록 해주세요

가끔 부모들도 하기 싫은 역할을 맡아야 하는 날이 있다.
  "우유 좀 빨리 마셔라."
  "빨리 신발 신어!"
  "동생 때리지 마!"
  "신발 벗지 마!"
  "텔레비전 꺼!"
  분명 야단치는 건 하기 싫은 일이다. 한쪽이 일방적으로 명령이나 지시를 내리는 것이 계속된다면 분명한 것은 미래가 없다는 사실이다. 아이와의 대화에서 신발을 신어라 벗어라 하는 이야기보다 더 자주 표현되어야 하는 것이 있다.

  하루를 마감할 때, 아이에게 선물한 긍정적인 이야기 횟수가 명령이나 지시 혹은 부정적인 이야기 횟수보다 반드시 더 많아야 한다.

  내가 곧 부모가 된다는 것을 알았을 때, 어떻게 하면 이 사실을 최고로 즐길 수 있을까 스스로에게 질문을 던져보았다. 금세 하나의 이미지가 떠올랐다. 아이들이 '아빠~아아아!'를 외치며 현관으로 달려오는 모습이다. 나는 감히 꿈이 이루어졌다고 말할 수 있다. 나는 아이들이 스스로를 정말 가치 있는 사람이라고 느낄 수 있도록 노력했다.

아이들이 가치 있는 사람이라는 사실을 부모들은 잘 알고 있을 것이다. 그러나 아이들에게 그런 느낌이 들도록 했는가는 다른 문제다. 이를 위해 아주 간단한 처방전 하나를 선물할까 한다. 아이들을 보물로 바라보는 것이다. 아이에게 웃는 얼굴을 보여주는 것이다. 가능한 한 모든 시간을 아이와 함께 보내는 것이다. 아이의 지금 이 순간의 모습이 너무나 맘에 든다는 이야기를 해준다.

나는 집에 들어오자마자 바닥에 외투를 던지고 무릎을 꿇은 다음 아이들의 이름을 열광적으로 부른다. 그러면 아이들 역시 나에게 인사하러 달려 나온다. 내가 아이들에게 준 것과 똑같은 정도로 사랑을 돌려주는 것이다. 아이들이 나의 삶에서 정말 소중한 존재라는 것을 아이들에게 느낄 수 있게 하지 못했다면, 그들의 사랑을 기대할 수 없다. 언제나 꿈꾸어왔던 아이들과의 관계를 유지하기 위한 비밀의 열쇠는 매일 아이들과 관계를 하나씩 쌓아가는 것이다.

기억합시다

긍정적이고 확실한 유대감은 아이의 두뇌 성장에 정말 필요하다. 자신에 대한 믿음, 세계에 대한 믿음은 좋은 감정지능의 토대가 된다. 이를 위해선 자주 아이를 안아주고 뽀뽀해준다. 아이와 함께 질적 양적으로 충분한 시간을 보내고, 쌍방향의 상호대화를 활용하여 이야기를 나눈다. 아이의 믿음을 배신하는 행동은 절대로 안 된다. 당신에겐 값을 따질 수 없는 단 한 사람이라는 생각이 들도록 행동한다.

12
자신감을 선물하라

> 우리 아버지는 아들에게 할 수 있는 최고의 선물을
> 주셨다. 나를 굳게 믿어주셨다.
>
> 짐 발바노

부모가 아이에게 할 수 있는 가장 좋은 선물은 아마 믿음일 것이
다. 더 멀리 나아가게 하려면 세운 계획을 달성할 자신감이 있어
야 한다. 루스벨트는 '자신감만 있다면 이미 절반은 이룬 것이다.'
라고 했다.

　믿음을 받으며 자란 아이는 자신과 타인에 대해 밝은 느낌을
가진 어른으로 성장할 수 있다. 자신이 선택한 결정에 확신을 가
질 것이고, 밝고 크게 웃을 수 있다. 뿐만 아니라 인생의 목표로
설정한 그 어떤 계획이든 달성할 수 있다는 내적인 힘을 갖는다.
확고한 자신감이 서는 것이다. 자신감을 키워나가는 것을 원치

─ 미국의 농구선수.

않는 부모는 없다. 꿈을 실현시킬 능력에 대한 자신감을 가지길 원치 않는 교사는 없다. 그렇지만 자주 우리는 아이들의 머리에 의심의 씨를 뿌리는 교육자가 되기도 한다. 지금부터 아이의 자신감을 강화할 수 있는 행동, 그리고 반대로 발전을 방해하는 행동에 대해 이야기해본다.

믿음과 자신감은 유전과 관련이 많다. 17번 염색체에는 믿음의 크기를 결정하는 유전자가 들어있다. 자신감이 엄청 큰 아이도 있고, 반대로 아주 소심한 아이도 있다. 세 살이라는 아주 어린 나이에도 불구하고 처음 본 친척에게까지 당당히 코카콜라를 사달라고 요구하는 아이가 있는가 하면, 다섯 살이나 됐는데도 좋아하는 아저씨를 만났을 때 엄마 치마폭에 숨어버리는 아이가 있다. 당당하게 '안 된다.'고 말하는 아이가 있는가 하면, 자기 의견에 대해 입을 다물어버리는 아이도 있다. 축구팀을 조직하는 다섯 살이 있는가 하면, 반장선거에 후보로 나서겠다고 손을 들지 못하는 아이도 있다. 그렇지만 정말 놀라운 사실은 어떤 아이든 조건이 호의적이면 자신감이 커진다는 것이다. 축구팀을 조직하는 아이가 사라지면, 다른 아이가 나타나 그 자리를 차지한다. 형이 자리를 비우면 동생이 좀 더 책임감 있고 결단력 있는 행동을 보인다. 엄마가 자리를 비우거나 또래의 동료가 사라지고 좀 더 어린 아이들이 나타나면, 남은 아이가 자신감을 얻는다. 이것은 모든 아이들이 아주 높은 수준의 자신감을 가질 수 있음을 시사한다. 적절한 조건의 충족, 예컨대 책임감과 주변 사람들의 믿음을 온 몸으로 느끼게 되면 얼마든지 가능하다.

아이의 자신감을 빼앗는 것

자신감 부족은 대부분 부모의 불신에서 나온다. 아이에 대한 불신을 가장 확실하게 보여주는 좋은 무대는 처음으로 어린이집에 데려다준 날, 바로 그곳이다. 아이를 처음으로 다른 사람 손에 맡긴 부모는 스스로 조바심이 나고 불안감을 느낀다. 교사가 미덥지 않아서가 아니다. 불안감은 아이가 부모 없는 첫날을 잘 극복할 수 있을지에 대한 염려에서 나온다. 보호본능은, 아이의 안전에 대한 불안감과 엄마 없이 지내야 하는 아이의 능력에 대한 의심 때문에 두려운 마음을 만든다.

대부분의 어린이집이 점진적인 분리 방법을 사용하여 아이들을 적응시키는데, 부모와의 첫 번째 떨어짐은 한두 시간으로 제한하고 있다. 하루하루 지남에 따라 모든 아이는 점차 새로운 환경에 적응하는 모습을 보인다. 이 과정에서 아이를 도와주고 싶다면 부모가 먼저 차분해야 한다. 절대로 얼굴에 두려운 표정이나 눈물을 보여서는 안 된다. 사실 아이와 처음 떨어지는 것은 자식을 키우는 우리 모두에게, 그리고 거의 모든 아이에게 꽤 큰 고통이다. 그렇지만 아이를 떼어놓으면서 보여주는 차분하면서도 자신감 있는 행동과 환한 미소 그리고 어린이집에서 돌아오는 아이를 맞이하기 위해 두 팔을 활짝 벌리는 행동은 아이가 새로운 환경에 쉽고 빠르게 적응하는 것을 도와준다.

처음 어린이집을 방문하는 날 원장님과 상담하는 동안 당신이 보는 앞에서 아이가 교실을 여기저기 탐색할 수 있게 하는 게 좋다. 이때 아이의 일거수일투족에 신경을 곤두세우고 있다는 느낌을 주면 안 된다. 아이가 눈치 채지 못하게 주의해야 한다. 안전한 곳에 있어서 부모가 전혀 신경 쓰지 않아도 될 정도로 어린이집을 믿고 있다고 느끼게 하면 좋다. 물론 이런 전략을 쓴다고 해도 아이가 쉽게 적응하리라는 보장은 없다.

마리아 몬테소리는 '스스로 뭔가를 성취할 수 있는 능력을 가진 자신감 있는 아이에게 도움을 주려 해서는 안 된다.'고 분명하게 이야기했다. 아이의 자신감에 가장 큰 해를 끼치는 것은 과도한 개입과 과잉보호라는 것에 의심의 여지가 없다. 아이가 넘어지려 할 때, 또 조금만 도와주면 더 잘할 것 같다고 느끼는 순간, 개입을 참아내는 것이 정말 어렵다. 그러나 바로 그 순간이 부모의 믿음이 가장 필요한 때이다. 아이가 도전에 직면하여 멋지게 탈출하지 못할 것만 같은 순간에, 아이의 뇌는 직면 상태가 어떤 것인가를 익히게 된다. 돌파해야 할 과제가 무엇인지 인식한다.

두뇌에는 자신감과 관련된 위대한 두 가지가 있다. 첫째는 '편도체'를 들 수 있다. 이것은 감정 뇌에서 가장 중요한 부분 중 하나로, 위험 상황을 감지할 때마다 작동하여 경고를 보낸다. 두 번째는 지성 뇌의 전두엽이다. 두려움을 억제하거나 지속적으로 추적함으로써 이를 통제한다. 혹시 한계 설정과 관련된 내용을 기억한다면, 전두엽이 두려움에 대해서도 한계를 설정할 수 있다는 사실을 알 것이다. 위험이 닥친 상황에서 편도체와 전두엽은 누가 더 큰 힘을 지녔는지를 보여주기 위해 한바탕 전투를 벌인다. 만일 편도체가 이기면 아이는 공포에 떨기 시작하고, 전두엽이

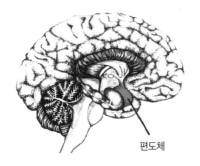

편도체
- 위험을 감지한다.
- 경고신호를 보낸다.
- 두려움을 느낀다.
- 두려움을 기억한다.

편도체

이기면 두려움을 억누를 수 있게 된다.

　걷기 시작한 지 몇 달 되지 않은 아이가 공원 벤치에 기어오르려고 무진 애를 쓰고 있는 상황을 가정해본다. 이때 부모가 보여주는 모습은 세 가지다. 1) 개입하지 않는다. 2) 차분하게 개입한다. 3) 놀라서 얼른 도와준다. 부모가 가만히 지켜보고만 있는 경우, 아이의 뇌는 넘어질까 두려움도 있지만 방심해선 안 된다는 사실을 지속적으로 느끼게 된다. 그러나 부모가 개입하는 경우, 아이에게서 주체적인 역할의 기회를 빼앗는 꼴이 된다. 아이의 감정 뇌는 이 상황을 통제하는 것이 자기가 아니라고 생각하고, 또 부모가 기분 좋게 생각하는 것이 무엇인지 알았기 때문에 아이의 뇌는 혼란스럽다. 더 나아가 엄마가 소리를 지르거나 아빠가 놀라서 달려간다면, 혹은 부모의 얼굴에서 겁에 질린 표정을 감지하게 된다면 아이의 뇌는 경보를 발령할 것이고, 편도체가 작동하면서 곧바로 공포를 느끼게 될 것이다.

1) 두렵다. 그렇지만 내가 스스로 통제해 야 한다.	나의 뇌는 내가 두려움을 통제할 수 있다 는 것을 안다.
2) 두렵다. 그러나 나는 그것을 통제할 수 없다. 부모가 언제나 나를 도울 것이다.	부모만이 나의 두려움을 통제할 수 있다.
3) 두렵다. 그리고 부모 역시 공포에 질려 있다.	나는 반드시 두려워해야 한다. 왜냐하면 세상은 위험한 곳이기 때문이다.

이런 의미에서 자신감은 유전자와는 별개로 부모가 아이에게 보내는 믿음의 정도에 달려 있다. 부모가 온종일 아이가 안전하고 행복하게 지내는 것만 고민한다면, 아이의 뇌는 다음 두 가지로 인식할 것이다. 세상은 위험한 곳이라는 것, 또 스스로 세상과 맞설 능력이 있지 않다는 것. 그렇게 인식한 아이가 도전과제나 새로운 일 앞에 섰을 때, 아이의 편도체는 경계경보를 발령할 것이고 두려움에 반응하여 결국 도전으로부터 도망을 치거나 부모 뒤로 숨어버릴 것이다. 반대로 부모의 무한한 신뢰를 받았던 아이는 이에 맞서기 위해 회로를 움직여 불확실성 앞에서도 확고한 태도를 유지할 것이다.

아이가 자신감을 개발하기 위해선 부모가 믿어주는 것이 대단히 중요하다는 걸 한눈에 보여주는 공식이 있다.

$$아이의\ 자신감 = (부모의\ 믿음)^2$$

아이의 자신감은 부모들이 보여주는 믿음의 제곱과 같다. 믿음에 관한 오래된 이야기 한 토막이 여기 있다. 일곱 살과 다섯 살

난 두 형제가 엄마가 집을 비운 사이 일어난 화재에 어떤 식으로 대처했는지를 잘 볼 수 있다. 두 아이는 화염이 침실 앞까지 다가왔을 때까지도 위험을 느끼지 못하다가, 결국 창문을 열어 비상구를 확보했다. 그리고 어렵사리 비상계단 자물쇠를 풀고 안전하게 거리로 내려올 수 있었다. 많은 이웃들은 그렇게 어린 애들이 어떻게 이런 일을 해낼 수 있었는지 소방관에게 물었다. 소방대장은 조금도 망설이지 않았다.

"아이 혼자서는 할 수 없을 거라고 말하는 어른이 거기 없었기 때문이죠."

가끔은 전폭적인 믿음을 주는 행동이 무척 어려울 수 있다. 부모의 시각에서는 일상적으로 아이가 보호자에게 종속된 존재로 보인다. 부모로서 나 역시 그게 어렵다. 그래서 아이들에 대한 믿음에 의심이 일면 언제나 원칙에 손을 내밀고 무슨 일이 일어나는지를 지켜본다.

작년 여름이 시작될 무렵, 장남이 다른 아이들과 함께 있을 때 자신감을 갖지 못한다는 사실을 알게 되었다. 아내와 여기에 대해 이야기를 나누었고, 이삼 일 동안 지켜보았다. 모든 아이들은 나무와 같이 때가 되면 충분히 발전한다는 원칙이 머리를 스치고 지나갔다. 아이에게 필요한 것은 우리가 조금 더 신뢰를 보여주는 것이라는 사실을 다시 한 번 생각했다. 아내는 보호본능을 꺼내들려 했고 나 역시 며칠 동안 두려운 마음이 있었다. 그럼에도 우리는 결국 공원에서 조그만 경험을 할 수 있었다. 당시 아이들에게 스웨터를 입히고 벗기고, 어떤 곳에 올라가면 되고 안 되고를 시시콜콜 간섭하면서 아이들과 놀아주는 것이 거의 우리의 일상이었다. 그날은 공원에서 아이들에게 아무런 말도 간섭도 하지 않기로 결심했다. 그러자 정말 놀라운 일이 벌어졌다. 아이들은 돌아다니다가 스스로 춥다고 느끼면 스웨터를 달라고 했고 목이 마르면 물을 달라 했다. 보통 때엔 무서워서 못 올라가던 곳에 올라가기도 했고, 다른 친구들과 잘 어울려 놀았다. 정말 오랜만에 노는 것처럼 재미있게 놀았다. 아이를 믿고 가만히 지켜보기만 하면, 아이들은 대부분의 문제를 자신감을 가지고 완벽하게 해결한다는 걸 다시 한 번 깨달았다. 지난여름 우리 부부는 아주 중요한 교훈 하나를 얻은 셈이다.

아이를 보호할 필요가 없는 상황	아이를 보호해야 하는 상황
• 혼자서 놀고 있거나 연습을 하고 있을 때 • 다른 아이들과 놀고 있을 때 • 다른 어른들과 교류하고 있을 때 • 뭔가에 대해 결정을 내렸을 때(아무리 더 좋은 방법이 있더라도) • 작은 충격이나 넘어짐과 같은 위험 • 할퀼 위험이나 놀랄 만한 일 • 형제나 친구들과 가벼운 말싸움	• 부상이나 사고의 위험이 있을 때 • 사망 사고의 위험이 있을 때 • 중독의 위험이 있을 때 • 다른 사람을 신체적으로 다치게 할 우려가 있을 때 • 지나치게 난폭한 짓을 할 때

긍정적인 메시지를 주세요

자신감을 도와줄 또 다른 전략은 아이에게 긍정적인 메시지를 주는 것이다. "너는 게을러." "이건 잘못한 거야." 부정적인 메시지는 아이가 더 잘하도록 하지 못할 뿐 아니라, 오히려 불안감만 조성하고 자존감을 떨어뜨린다. 강화를 활용해야 한다. 어려운 일을 해냈을 때, 몹시 집중하고 있을 때, 노력하고 있을 때, 용기를 보여줬을 때, 지난여름에는 하지 못했던 뭔가를 할 수 있게 되었을 때, 즉시 긍정적인 메시지를 아이에게 전한다. "너 진짜 용감했어!" "정말 집중력이 좋아졌구나." 그럴 때 아이는 자신감을 가지게 된다.

결과를 가지고 상을 주는 것보다 아이의 행위와 태도를 인정해주는 것이 더 중요하다. "수수께끼를 정말 잘 풀었네." 아이가 이룬 결과를 인정할 때 예상치 못한 부작용이 따른다. 결과에 대한 칭찬이 반복되면, 아이는 만만하고 잘할 수 있는 과제만 찾게 된다. 아이의 뇌 속 보상을 담당하는 신경세포가 과제를 잘 수행하면 보상이 주어진다는 사실을 알기 때문이다. 복잡하거나 어려운, 실패할 위험이 있는 과제는 피하는 경향을 갖게 된다. 조금 어려운 과제, 노력하면 극복할 수 있는 과제를 찾아 나서게 해야 한다. 아이의 뇌가 좀 더 재미있는 다른 변수를 인식하게 해야 한다. 골똘하게 집중했던 문제라든지, 문제 푸는 데 기발한 아이디어가 떠올랐던 것, 정말 재치가 있었던 것, 매우 즐겼던 것 등등. 그렇게 해야 아이는 끈기와 집중력, 해결능력을 갖춰야 풀 수 있는 문제에 적극 도전할 것이다.

아이가 매순간 적용했던 능력을 강조해주고, 일상적으로 사용하지 않는 도구를 사용하였을 때 아이를 지지해주어야 한다. 그러기 위해선 아이가 과제를 대할 때 주의 깊게 살피면서 자신에게 질문을 던져야 한다. 어떻게 이 작은 상자를 열 수 있었지? 근성일까? 재능일까? 그림을 그릴 때 기분은 어땠지? 세세한 부분에 더 관심이 있었나? 집중하고 있나? 하던 일에서 발을 빼지 않으려고 스스로 자제하고 있나? 그것을 즐기고 있나? 등등. 부모가 강화만을 고집할 이유도 없고, 호들갑을 떨 필요도 없다. 아이의 뇌는 이미 그것을 어떻게 해냈는지 스스로 잘 알고 있다. 그것을 성취했을 때의 만족감을 충분히 느끼고 있다. 따라서 결과만 가지고 상을 줄 것이 아니라 노력과 집중력, 인내심을 평가해주고 칭찬해주는 것이 필요하다.

두 살짜리 아이의 책임감

책임감은 인간에게서 절대로 배제할 수 없는 부분이다. 삶이 아무리 아름답고 소중하게 보일지라도 삶에는 여전히 어렵고 가혹한 부분이 있다는 사실, 즉 생존 자체를 위한 몸부림이 있다는 사실을 우리는 안다. 살아있는 존재라면 그 무엇이든 살아남기 위해, 그리고 식량을 구하고 피신처를 구하기 위해 투쟁해야만 한다. 나는 거의 매일 일상의 책임감에 고통스러워하는 어른들의 상담을 받는다. 일을 하고, 식사준비를 하고, 물건을 사고, 아이를 돌보는 것이 무척 힘들다고 느끼는 사람들이다. 이런 사람들은 삶에서 불가피하게 주어지는 책임감에 대해 어디까지 교육받았을까 생각해보았다. 많은 사람들에게 책임감이란 단어는 '무거움' '부담감'으로 인식된다.

가끔 강연회에서 두 살짜리 아이에게 책임감을 논하는 건 너무 어려운 문제 아니냐는 질문을 받는다. 나는 언제나 진심으로 '아니다'라고 대답한다. 절대로 그렇지 않다. 내 생각엔 책임감이란 스스로를 책임지는 것이다. 그러므로 책임감을 가지도록 교육시키는 것은 아이가 스스로를 돌보게 하는 것이며, 자신이 얼마나 가치 있는 사람인지 알 수 있도록 하는 것이다.

책임감은 아이의 자신감을 키우기 위해서도 좋은 방법이다. 모든 아이들은 자기 앞에 놓인 모든 것에 대해 스스로 책임감을 느낄 수 있다. 과제를 한 번 해결하고 나면 다음부터는 그것을 하는 것이 별로 어렵게 느껴지지 않을 것이고, 자신의 능력에 대해 자신감을 갖는다. 더 흥미로운 사실은 아이들 스스로가 책임지는 것을 좋아한다는 것. 아이들에게는 새로운 것을 발견할 수 있는 기회이며, 주변을 통제하는 방법을 배울 계기가 된다.

나는 어린이집에서 아주 가까운 곳에 살았기 때문에 세 아이 모두 한 살 때부터 어린이집까지 걸어 다녔다. 어린이집까지 두 블록을 걷는 데 어른 걸음으로는 3분이 걸리지만, 아이 걸음으로는 15분에서 20분 정도 걸렸다. 그렇지만 아이들은 모두 단 하루도 투덜거리지 않고 걸었다. 12~13개월쯤 된 아이라 말할 줄 몰라서도 그랬겠지만, 진짜로는 이른 아침 산책이 마음에 들었기 때문이다. 그리고 언제나 어린이집에 제일 먼저 도착하는 아이들이었다. 나는 아이들을 도와 스스로 자신의 가치를 느끼게 해주었다. 손을 잡고 함께 걸었지만, 교실에 들어갈 때는 혼자서 자기

발로 걸어 들어갔다. 교실에 들어가는 것은 아빠가 아니라 아이의 과제였기 때문이다.

책임감이라는 것은 젖먹이 아이에게도 유도될 수 있다. 아이가 성장하면 더러워진 옷을 세탁통에 넣는 것과 식사가 끝나면 자기 그릇을 치우는 것, 흘린 것을 닦도록 가르칠 수 있다. 아이를 자연스럽게만 대한다면 아이가 할 수 있는 범위 안에서 스스로 자기 일을 책임지는 것은 절대로 벌이 아니다. 나이에 맞춰 스스로 책임짐으로써 자신감을 느낄 수 있도록 도와주고, 집안일에 기여하도록 가르치는 것이다. 확실하게 말할 수 있는 것은, 아이들이 자기 과제를 스스로 책임지는 것을 좋아한다는 사실. 아이는 성장하는 자신에게 만족을 느끼고 스스로를 돌볼 수 있게 된다.

아이의 기분과 결정을 존중해주세요

우리는 다양한 상황을 살아가야 하기 때문에 화도 날 수 있고, 만족할 때도 있으며, 좌절할 때도 있다. 이것을 인식하는 것이야말로 자신에 대한 믿음의 원천이 된다. 믿음을 더 튼튼히 하는 데 또 하나 중요한 것은, 아이의 결정을 존중해주는 것이다. 일반적으로 부모들은 아이가 좀 더 나은 결정을 내릴 수 있도록 열심히 도와주려 한다. 아주 전형적인 사례를 보자.

"파울라, 생일에 뭘 사줄까?"

"엄마, 딸기껌 한 통요!"

"그렇지만 파울라, 그건 생일선물로는 너무 작은데. 좀 더 큰 것을 사달라고 해도 돼."

이와 유사하게 변형된 대화가 매년 생일에 반복되고, 그 결과는 언제나 똑같다. 껌 한 통을 받고 싶던 아이는 결국 전혀 생각지도 않던 인형을 사달라는 것으로 끝이 난다.

사람은 결정을 내려야할 시간이 되면 불안해진다. 어떤 옷을 입을지 망설이고, 레스토랑에서 무엇을 주문할지를 놓고 우물쭈물 한다. 확신이 없는 것이다. 결국 주저함과 우유부단함, 딜레마를 다루는 정원사가 되어버린다. 뇌에는 망설이게 만드는 부분도 있지만, 원하는 바를 명확하게 인식하는 부분도 있다. 뇌는 지성 뇌와 감정 뇌의 토론장인 것이다. 의심이란, 감성적인 측면에서는 거의 존재하지 않고, 일반적으로 이성의 영역에서 일어나는 것이다. 사실 대부분의 결정은(레스토랑에서 음식을 주문하는 것, 배우자를 선택하는 것, 집을 사는 것) 감정 뇌를 따라가고, 지성 뇌는 결정을 정당화시키는 일을 떠맡거나 본능이 선택한 결정에 합리적인 이유를 제공하는 일을 한다. 보다 정확한 판단과 결정은 지성 뇌보다는 감정 뇌로부터 온다는 것이 이미 증명되었다. 좀 더 이성적인 시각에서 대안을 심도 있게 생각하는 사람들은 보편적으로 불안에 빠지기가 쉽고 잘못된 결정을 내리는 경우가 많다는 사실 역시 증명되었다.

이 모든 것을 근거로, 아이들이 보다 정확한 결정을 내릴 수 있게 도와주려면 스스로 결정하도록 놔두고 본능에 기초한 결정을 하도록 허용하는 편이 더 낫다. 또 실수를 통해 배울 수 있다는

것을 굳게 믿어야 한다. 실수할 수 있다. 누구라도 그렇지 않나. 그러나 역설적이게도 아이들이 실수하는 것을 막기 위한 가장 좋은 전략은, 아이에게 자신을 믿을 수 있게 가르치고, 더 나아가 실수에서도 긍정적인 교훈을 얻을 수 있게 도와주는 것이다.

기억합시다

믿음은 부모가 아이에게 줄 수 있는 가장 좋은 선물이다. 부모가 자기를 믿어준다고 느낄 때, 아이는 언제든 목표와 열망을 달성할 수 있다고 생각하며 성장한다. 아이를 과잉보호하지 말고 믿어주어야 한다. 언제나 충분히 발전할 능력을 보유하고 있다고 굳게 믿어줘야 한다. 책임감을 안겨주고, 결정과 감정을 지지해준다. 아울러 아이의 자신감을 불러일으키기 위한 가장 현명한 전략은, 결과만을 가지고 평가하는 것을 피해야 한다는 것. 난관에 부딪혔을 때 노력과 집중, 그것을 즐기는 자세를 평가해주어야 한다.

13
두려움 없는 아이로 키우는 법

과학은 아직 따뜻한 말 한 마디보다 더 효과적인
안정제를 만들지 못했다.

지그문트 프로이트

감정지능 발달의 가장 핵심적인 부분은 자신의 두려움을 극복하는 능력이다. 아이들 누구나 유년기에 두려움을 유발할 경험을 몇 번쯤은 한다. 개한테 물리고, 친구가 밀쳤던 일, 높은 곳에서 떨어진 일, 물에 빠졌던 일은 두뇌에 상당한 충격을 줄 수 있는 경험이다. 그래서 이와 유사한 상황을 또다시 접했을 때 걷잡을 수 없는 두려움을 느끼게 된다. 이러한 상황들을 적절하게 통제할 줄 알아야만 아이가 두려움과 맞설 수 있다. 가장 중요한 것은 아이가 두려움에서 벗어나 살아갈 수 있게 하는 것. 어려서 작은 두려움에 맞설 수 있게 배운다면 어른이 되었을 때 새로운 두려움과도 당당히 맞서는 방법을 스스로 찾게 될 것이다.

대다수 부모들은 아이가 트라우마를 유발할 정도의 큰 경험을 했을 때 어쩔 줄 몰라 한다. 신경이 날카로워져서 아이에게 소리를 지르기도 한다. 이는 아이의 뇌에 매우 높은 수준의 경계경보를 울리는 것이어서 오히려 트라우마를 더 키울 수 있다. 반대로 부모가 아무 일도 없었다는 듯 천연덕스럽게 반응하는 것도 문제다. 엄마는 애써 별일 아니라며 중요성을 지우려 한다. 아이의 마음이 가라앉으니 좋지 않냐 생각할 수도 있지만 이 역시 아이에게 해롭다. 아이가 넘어지거나 크고 작은 불안감을 느낄 때, 부모가 지나치게 감정의 짐을 덜어주는 것은 그 문제를 서둘러 덮는 것과 같다. 미봉책이다. 아이는 당장 차분해질 수는 있지만 오히려 불안감이 내면화돼 가슴 속에서 뿌리를 내리게 된다.

자, 지금부터 아이들이 이러한 트라우마를 스스로 극복할 수 있게, 특히 살아가면서 마주치는 다양한 두려움과 맞설 수 있게 준비시키는 두 가지 방법을 이야기하겠다.

트라우마 경험을 통합할 수 있게 도와주세요

두뇌에 대한 ABC에서 설명했던 것처럼, 뇌는 두 개의 반구가 있다. 좌반구는 이성에, 우반구는 본능에 좀 더 치중하고 있다. 트라우마를 유발한 장면은 우반구에 새겨진다. 살아가는 동안의 트라우마 경험은 그 상황이 이미지 형태로 저장된다. 전쟁에서 돌아온 군인들은 적군의 기습공격에 대한 플래시백*을 자주 경험한다.

* 문학, 영화에서 과거로 돌아가는 회상 장면에 흔히 사용되는 기법.

이것은 바로 뇌가 더 이상 처리할 수 없는 이미지의 섬광이다. 대부분의 경우 두려움은 우반구에서 커지는데, 본능적이고 시각적인 반구에서 이미지와 감각의 형태로 살아있기 때문이다.

트라우마를 유발한 경험이 사소한 것일 때는 아이 스스로 이해할 수도 있다. 예를 들어 인형이 바닥에 떨어지면 망가질 수 있다는 것 정도는 이해할 수 있다. 그렇지만 불안이 좀 더 커지면 아이는 그 경험을 스스로 처리할 수 없게 된다. 이런 경우 '비이성적인 두려움'이 나타난다. 예를 들어, 개가 엄청 짖어대면서 아이에게 달려들었다고 가정해본다. 개 주인이 적절하게 달려드는 것을 멈추게 하였더라도, 아이의 뇌에는 이미 상이한 두 개의 인상이 심어졌다. 첫 번째는 자기를 공격해온 개의 이미지일 테고, 두 번째는 공포에 대한 느낌이다. 인상이 너무 강렬하기 때문에 여기서 벗어나기 위해 뭔가 조치해주지 않으면 아이의 뇌에 영원히 새겨져, 개에 대한 비이성적 두려움을 갖게 된다.

부모는 이러한 인상을 흐리게 희석시킬 수 있다. 트라우마를 일으키는 이미지가 아이의 뇌에서 작동하지 못하도록 할 수 있다. 바로 이것이다. 보고 느꼈던 감정에 대해 아이로 하여금 이야기하도록 만드는 것. 어떤 일에 놀랐던 사람이 그에 대해 상세히 묘사를 하게 되면 이야기를 맡고 있는 두뇌의 좌반구는 우반구와 대화를 시작하게 된다. 이렇게 간단한 방법으로 언어·이성을 담당하는 뇌 부위가 시각·감정을 맡고 있는 부위를 도와 두려웠던 경험을 극복할 수 있게 해준다.

이러한 과정을 우리는 '트라우마를 일으킨 경험의 통합'이라고

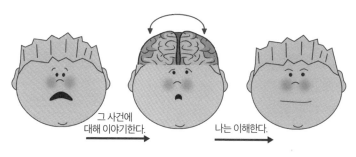

그 사건에
대해 이야기한다.

나는 이해한다.

놀랐을 때, 혹은 나에게
무슨 일이 일어났는지
잘 모를 때

두 반구가
서로 대화를 한다.

나는 조금 차분해진다.

부른다. 아이는 사건의 경과를 똑똑히 기억하게 되면서, 그 사건을 떠올릴 때 똑같은 불안감을 느끼지 않고, 일상에 존재하는 하나의 불유쾌한 경험으로 사소화시키게 된다.

심하게 놀라거나 트라우마 상황을 겪었을 때, 아이와 그 이야기를 나누는 데는 차분함과 인내심, 약간의 신념, 그리고 고도의 공감이 요구된다. 부모의 첫 번째 반응은 당연히 그 사건이 아무것도 아닌 것으로 아이가 생각하게 만들려고 할 것이다. 그리 놀란 것 같지 않다고 아이를 납득시키면, 부모도 마음이 가라앉을 것이다. 그러나 중요한 것은, 불안해할 필요가 없다고 아이를 설득할 게 아니다. 설득시켜야 할 것은 아이의 뇌이다.

예를 들어 보자. 어린 클라라가 학교에서 울고 왔다. 덩치 큰 아이가 장난감을 빼앗아 땅에 던져버렸기 때문이다. 이런 일의 재발을 막기 위해선 학교에 이야기해야 하지만, 우선 클라라의 불안감을 덜어주어야 한다. 부모는 두 가지 관점으로 이 문제를 다룰 수 있다.

중요성을 지우는 것	통합을 도와주는 것
엄마: 클라라, 왜 우니?	엄마: 클라라, 왜 우니?
클라라: 큰 애가 날 때렸어요.	클라라: 큰 애가 날 때렸어요.
엄마: 그래! 그건 아무것도 아냐….	엄마: 그래! 많이 놀랐겠구나.
클라라: 나를 땅바닥에 밀었어요.	클라라: 예!
엄마: 알았어. 그거 별거 아냐. 이미 다 지나간 일인데 뭐….	엄마: 너보다 덩치가 더 커…
클라라: (계속 운다.)	클라라: (계속 운다.)
엄마: 자! 이제 그만 뚝!	엄마: 너를 어떻게 했어?
클라라: (계속 운다.)	클라라: 땅바닥에 밀었어요.
엄마: 그만, 그쳐야지, 클라라. 너 이제 다 컸잖아!	엄마: 저런, 세게?
클라라: (흐느낀다.)	클라라: (눈물을 그치고) 이렇게요! 손으로요.
엄마: 넌 용감한 아이잖아. 용감한 사람은 안 우는 법이야.	엄마: 손으로 세게 밀었어?
클라라: (울음을 그치고 땅을 바라본다.)	클라라: 예!(이젠 울지 않는다.)
엄마: 그래 잘했어. 너도 다 컸다는 것 잘 알고 있지? 자, 이제 그만 집에 가자. 과자 만들어놨어.	엄마: 그래, 엄청 놀랐겠구나. 나도 그랬을 것 같아. 너를 무서운 얼굴로 노려봤니?
	클라라: 예! 엄청 화가 난 얼굴이었어요. 정말 못됐어요.
	엄마: 너를 굉장히 겁나게 만들었구나. 그렇지?
	클라라: 맞아요.
	엄마: 이제 좀 나아진 것 같네. 담임 선생님과 이야기할게. 다시는 그 아이가 너를 못 괴롭히게.
	클라라: 놀러 나가고 싶어요.

첫 번째 관점은 동네 공원에서 흔히 볼 수 있는 전형적인 모녀 간의 대화다. 엄마는 그 사건의 중요성을 지우려 한다. 아이를 진정시키기 위해 아이의 용기를 강조하는 쪽으로 몰아가고 있다.

반면에 두 번째 엄마는 한참동안 그 장면의 구체적인 사항에 대해 대화를 나누고 있다. 우반구에 사로잡힌 가해자 아이의 구체적인 이미지와 느낌을 분석하고 있다. 가해자 아이가 구체적으로 어떻게 했는지, 얼마나 큰지, 얼굴 표정이 어땠는지를 물어봐주고 있다. 각각의 순간에 클라라가 느꼈을 불안감에 방점을 찍고 있다. 그러자 클라라의 반응이 조금씩 차분해지는 것을 알 수 있다. 이 대화는 첫 번째 엄마의 전통적 스타일보다는 조금 더 많은 시간과 기술을 요구한다. 하지만 이 방법이야말로 후유증이 최소화되는 뇌 차원의 해결 측면에서 가장 확실한 방법이다.

다른 사례를 하나 더 보자. 아드리안은 삼촌 집에서 아주 무서운 영화를 한 장면 보았다. 어떤 사람이 좀비에 쫓기고 있었는데, 좀비가 팔을 뻗어 막 잡으려던 장면이다. 그날 밤 아드리안을 집에 데려다주면서, 삼촌은 조카가 많이 놀란 것 같다고 이야기했다. 진정시키려 했지만 너무 겁에 질려 쉽지 않았다고 했다. 이 경우 부모는 아이가 자러가기 전에 반드시 이야기를 나눠야 한다. 아빠와 삼촌의 대화를 보며, 어떻게 트라우마 경험을 아이가 통합하도록 할 수 있는지 살펴본다.

아이와 두려움을 준 사건에 대해서 이야기를 나눌 때는 아주 친근한 사람이 되어주는 것이 중요하다. 열렬한 지지도 필요하다. 이럴 경우 아이는 정서적으로 가깝다는 느낌을 받을 것이고 부모가 자기를 완전히 이해하고 있다고 느낄 것이다. 반대의 경우에는 부모가 자기를 비웃는다고 느낄 수 있다. 따라서 절대로 드라

삼촌	아빠
A: (울고 있다.)	아빠: 삼촌 말로는 네가 무척 놀랐다고 하더라.
삼촌: 아드리안, 겁먹을 필요 없어!	
A: (계속 운다.)	A: 예! 좀비가 나왔어요!
삼촌: 좀비는 없어! 다 거짓말이야!	아빠: 많이 무서웠어?
A: (계속 운다.)	A: 예!
삼촌: 절대 너를 어떻게 못해!	아빠: 좀비가 어떻게 했는데 그렇게 무서웠어?
A: (방석에 얼굴을 파묻는다.)	
삼촌: 자, 봐! 아드리안, 좀비는 바보야. 아무것도 할 줄 몰라.	A: (흐느끼면서) 어떤 사람을 붙잡으려고 했어요!
A: (얼굴을 들지 않고 계속해서 운다.)	아빠: 후유! 정말 무서웠겠구나!
삼촌: 여기 봐! 우우우우! 내가 좀비다! 우우우우!	A: 예! 거의 잡힐 뻔했거든요.
	아빠: 너는 어떻게 했는데?
A: 싫어요!	A: 눈을 감아버렸어요! (이젠 울지 않는다.)
삼촌: 장난이야!	
A: 놀리지 말아요! 엄마한테 갈 거예요!	아빠: 그래, 안 보고 싶었을 거야.
삼촌: 알았어! 엄마한테 가자! 그렇지만 좀 가라앉히고 가야지. 그렇지 않으면 엄마가 놀랄 거야.	A: 맞아요! 너무 무서웠거든요.
	아빠: 또 어떤 장면이 있었어?
A: (여전히 얼굴은 놀란 표정인데 평정을 되찾으려고 노력한다.)	A: 피를 질질 흘리면서 손을 이렇게 뻗었어요.
	아빠: 얼굴은 어땠는데?
	A: 입도 이렇게 벌리고요. 좀비는 정말 멍청하게 생기긴 했어요! (이제 웃는다.)
	아빠: 좋아. 이제 좀 마음이 가라앉은 것 같구나. 내일 다시 이야기하자. 이젠 그만 자자! 넌 참 용기가 많구나!

마틱하게 오버할 필요는 없다. 아이가 그 순간 어떤 느낌이었는지 알아보기 위해선 차분하게 공감하는 태도로 이야기를 경청하

면 된다. 이야기를 두세 차례에 걸쳐 며칠 동안 반복적으로 살펴보는 것도 중요하다. 아이가 이야기를 통해 이미지와 인상을 처리하게 되면 사건은 잘 통합될 수 있다.

아이가 슬퍼하고 불안해할 때 그 상황을 완벽하게 이해하는 사람과 대화를 하는 것보다 좋은 방법은 없다. 어른들도 마찬가지다. 뇌의 좌우 반구가 함께 협업하여 트라우마 경험을 처리하도록 도와주면 두려움을 떨치고 자신감을 가질 수 있다.

두려움에 맞설 수 있게 도와주세요

두려움은 아이의 성장에 자연스러운 부분이다. 아무리 부모가 트라우마로부터 아이를 지키려 해도, 또 그런 경험을 통합시킬 수 있게 도와주었다고 해도, 닥치는 두려움을 완전히 피할 수는 없다. 이럴 때 아이들을 도와줄 전략이 하나 있다. 유년기의 두려움을 극복할 수 있을 뿐만 아니라 평생 겪을 수 있는 그 어떤 두려움도 극복하는 방법, 아이가 스스로 두려움에 맞설 수 있게 도와주는 것이다.

직접 맞섬으로써 극복할 수 있는 감정은 두 가지다. 첫 번째는 두려움이고, 두 번째는 부끄러움이다. 실제 이 두 가지는 똑같은 감정에서 비롯되었다. 자전거나 오토바이를 타다가 넘어졌다면, 두려움을 극복할 수 있는 유일한 방법은 다시 올라타는 것이다. 기본적으로 두려움에는 두 가지 형태가 있다. 본능적인 두려움과 후천적인 두려움이다. 본능적인 두려움은 자연스럽게 나타나는 것으로, 두려움을 유발한 선행 경험이 없다. 대부분의 사람들은 뱀에 대해 두려움을 느낀다. 아이들 역시 개를 만지거나 수영장에 들어가는 것, 혹은 어둠 속에 들어가는 것에 본능적인 두려움을 느낀다. 후천적 두려움은, 선행된 엄청 놀란 경험이 있고, 유사한 상황에 접했을 때 나타나는 두려움이다. 나무에 오르다 떨어진 아이는 높은 곳에 대한 두려움이 생긴다. 공원에서 덩치가 큰 아이가 밀쳐서 크게 놀랐다면, 낯선 아이에 대해 두려움이 생길 수 있다.

아이가 두려움에 직면했을 때 엄마들은 주로 안아주면서 위로한다. 아이의 두려움에 공감하면서 엄마가 모든 악으로부터 자기를 보호해줄 것이라는 확신을 느끼게 함으로써 위로하는 것이다. 비록 아이가 안전하게 보호받고 있다는 느낌은 매우 소중하지만, 문제는 엄마의 품 안에서만 안전하다는 것이다. 바람직하지 못하다. 엄마가 보호할 수 있는 때에만 안심하기 때문이다.

한편 아빠들은 두려움에 맞서라고 아이를 부추기는 맞섬 전략을 주로 사용한다. 혼자서 늑대 우리에 던져진 양처럼 느낄 수 있다는 점은 전혀 고려되지 않았다. 엄마의 대처는 아이의 자신감 결여로 이어져 어려운 상황을 회피하려는 경향으로 나타난다. 아빠의 대처는 간혹 결과가 좋게 나올 수도 있지만 아이의 두려움이 더 심해지는 경우도 적지 않다. 그렇기 때문에 이처럼 지나치게 남성적인 관점은 그리 추천할 만한 방법이 아니다. 사실 다른 경우와 마찬가지로 중간 값, 즉 균형이 좀 더 효과적인 전략이다.

가장 추천할 만한 방법은 많은 도구들을 사용하여 두려움을 자신감으로 승화시켜 나가도록 7단계의 접근법을 실행하는 것이다.

소니아는 4세 여자아이다. 균형잡기 놀이와 높은 곳에 올라가는 것을 좋아한다. 하루는 키만큼 높은 곳에 있는 널빤지 위를 걷다가 잘못해서 떨어지고 말았다. 심하게 높은 곳은 아니었는데도 다시는 높은 곳에 올라가려고 하지 않는다는 것을 알게 되었다. 어떻게 엄마의 도움을 받아 이 후천적인 두려움을 극복해냈는지 살펴보자.

1. 도망치고 싶다는 욕망을 느끼고 있는 감정 뇌를 진정시키기 위해 공감능력을 사용한다. 시간이 좀 걸릴 수도 있다.	엄마: (아이의 팔을 잡아주면서) 많이 무섭구나! 소니아: (울면서) 예! 엄마: 그래, 맞아. 위에서 떨어진 적이 있어서 많이 무서울 거야. 소니아: (좀 덜 울며) 예! (엄마는 아이가 진정할 때까지 지속적으로 공감하기 위해 노력한다.)
2. 우선 두려움을 인정하고 유효하게 만든 다음, 두려움과 맞서는 것의 중요성을 이야기한다.	엄마: 다시는 올라가고 싶지 않다고 이야기했어. 맞지? 소니아: 예! 엄마: 그래, 알았다. 하지만 우리가 다시 한 번 시도해보는 것이 정말 중요하단다. 특히 두려움을 갖지 않기 위해선 말이야. 소니아: 그렇지만 하고 싶지 않아요.
3. 두려움을 함께 극복할 수 있다는 것을 알려주려면 협동의 대화법을 사용해야 한다.	엄마: 좋은 생각이 났다. 우리가 같이 해보면 어떨까? 소니아: 무서워요!

	엄마: 엄마가 도와줄게. 함께 해보자. 내가 손을 계속 잡아줄게.
4. 성취하고자 하는 것에 관한 약속은 반드시 지키려고 노력해야 한다.	엄마: 우리 함께 해보자. 조금만 해보자.
	소니아: 그래도 무서워요.
	엄마: 여길 보렴. 한 가지만 하자. 두 걸음만 걸으면 된다. 게다가 엄마가 네 손을 계속 잡고 있을 거야. 어떠니?
5. 아이가 준비되었을 때 비로소 행동으로 옮겨야 한다. 아이에게 압력을 가해서는 안 되고 강요해서도 안 된다.	소니아: 알았어요. 그렇지만 내 손을 잘 잡아줘야 해요.
	엄마: 절대로 놓지 않을게. 손 이리 주렴. 자 이제 첫발을 내디뎌보자.
6. 아이에게 만족스러웠는지, 기분이 좋았는지 물어봐야 한다. 그리고 두려움을 극복할 수 있는 능력을 평가해준다.	엄마: 아주 잘했다. 너 혼자 해낸 거야. 엄마는 너에게 손만 내밀었을 뿐이고. 기분이 어떠니?
	소니아: 그래요! 내가 정말 용감한 것 같아요.
	엄마: 맞아! 정말 만족스러운 모양이네.
	소니아: 예! 좀 더 해보고 싶어요.
7. 다른 조건이나 상황에서도 적응 가능하도록 다음날 반드시 다시 한 번 반복 연습한다.	

이 7단계를 실행하기 위해서는 시간이 필요하고, 성의 있는 대화가 필요하다. 그러나 아이의 감정 뇌와의 연결에 투자한 이 3~4분은 매우 소중하여, 두려움에서 용기로 나아가는 문을 열게 한다. 5단계 이야기를 잘 기억해야 한다. 절대 강요하거나 압박을 가하지 않는 것이 가장 중요하다. 손을 놓아서도 안 된다. 함께 한다는 것을 인식할 수 있도록 반드시 손을 잡고 있어야 한다. 그리

고 첫걸음을 떼는 사람은 반드시 아이여야 하고, 부드러운 권유 이상을 부모가 해서는 안 된다. 그렇지 않을 경우, 애써 극복하려고 했던 '회피 반응'을 보이게 될 것이다.

기억합시다

방법만 알고 있다면, 사실 두려움을 예방하고 극복하도록 도와주는 것이 아주 쉬울 수 있다. 대화하고 느낌을 존중해주고 이해해주고 시간을 투자하는 것이 필요하다. 두려움을 겪은 아이를 곁에서 도와주는 것은 자연스러운 본능이다. 놓치지 말아야 할 것은, 부모가 아이와 함께 도망치는 선택을 할 수도 있고, 용기 있는 선택을 할 수도 있다는 것이다. 과학적인 연구와 상식은 두 번째 선택지가 아이의 일생 동안 마주칠 수 있는 그 어떤 두려움도 극복할 수 있는 가르침이라는 사실을 알려준다.

14

자기주장을 할 줄 아는 아이

아이가 당신 말을 듣지 않는다고 걱정하지 마세요.
아이는 언제나 당신만 지켜보고 있을 테니까요.
캘커타의 성녀 테레사

수준 높은 감정지능을 보유한 사람들에게서는 자기주장의 적극
성을 볼 수 있다. '자기주장'이란 자기가 생각한 것을 정중하게
말할 줄 아는 능력이다. 자기주장을 할 줄 아는 사람은 원치 않거
나 마음에 들지 않는 것을 어떤 식으로 표현해야 하는지 알고 있
을 뿐만 아니라, 자기가 원하는 것을 분명하면서도 공손하게 말
할 줄 안다.

자기주장은 자신의 권리, 의견, 감정을 확실하게 담아 정중하게 표현함으로써 다른 사람들과 대화하는 방법이다. 아이가 어떤 목표를 달성할 수 있도록 도와주고 싶다면, 자기주장이 가능하도록 가르쳐야 한다. 자기주장은 자신에 대해 확신을 가질 뿐만 아니라, 타인과의 갈등을 줄일 수 있으며 효과적으로 목표에 다가갈 수 있게 한다.

자신감이 큰 사람일수록 다른 사람을 존중할 줄 안다. 타인을 존중하면서 대화하는 훈련을 받은 사람은 타인과의 관계에서 신뢰를 얻는다. 자신에 대한 믿음도 크다. 더 나아가 고민도 적을 뿐 아니라 뇌에서 분비되는 코르티솔(스트레스와 관련된 호르몬)의 양도 적다. 흥미로운 사실은 고민에 빠진 사람도 자기주장을 할 줄 아는 사람과 대화를 나누면 긴장이 풀어지면서, 코르티솔의 분비가 줄어든다는 것이다. 그래서 자기주장을 할 줄 아는 사람은 선천적으로 리더 역할을 맡는 경우가 많다. 아이의 자기주장을 존중하는 자세를 보여라. 아이에게 더 큰 자신감을 안겨줄 수 있다.

자기주장을 할 줄 아는 사람이 되세요

아이들의 긍정적인 행동을 이끌어내는 방법을 기억한다면 자기주장을 할 줄 아이로 키우기 위한 출발점 역시 쉽게 생각할 수 있다. 아이에게 모방할 수 있는 모범을 보여주는 것이다. 아이의 뇌는 거울 신경세포를 통해 부모의 행동을 관찰함으로써 얻은 정보들을 모방하여 배운다. 자기주장도 마찬가지다. 부모의 자기주장 강한 행동을 본다면 가장 확실하게 배운다. 부모가 다른 사람과의 관계에서 야기된 소소한 갈등을 처리할 때 분명하면서도 정중하게 해결하는 모습을 보면 아이도 자기주장의 대화 스타일을 개발하게 된다.

타인을 그다지 존중하지도 않고 공격적이거나, 아니면 반대로 지나치게 수동적인 저자세를 보이는 부모도 있다. 만일 부모가 첫 번째 그룹에 속한다면, 언제나 자기가 원하는 것만을 추구하는 스타일로, 자신의 권리를 타인의 권리보다 더 강하게 주장할 것이다. 그래서 갈등이 일어나면 타인을 거칠게 몰아붙이는 태도를 보일 것이다. 그렇지 않고 부모가 두 번째 그룹에 속한다면, 타인과의 갈등을 회피하는 스타일이다. 입을 다물어버리거나 의견을 잘 밝히지 않는 소극적인 태도를 보일 것이다. 자신의 권리를 강하게 주장하는 일이 없다.

여기에서 중요한 것은, 두 경우 모두 아이가 부모를 지켜보고 있다는 사실이다. 형제간에 갈등을 겪게 되면 동생이 형에게서 욕설을 배우는 것과 마찬가지로, 아이는 부모를 흉내 낸다. 그러므로 부모가 반드시 기억해야 하는 점은, 아이가 갈등 상황에 처하게 되면 행동 모델로 부모의 사례를 따른다는 것. 지나치게 공격적인 태도나, 반대로 함부로 취급당하는데도 지나치게 소극적인 태도를 아이에게 학습시키고 싶지 않다면 어떤 행동을 취할지 결정할 수 있을 것이다. 자기주장은 아이가 매일 나누는 부모와의 대화, 부모의 작은 몸짓 하나하나에서 배운다.

옆집 아주머니가 공원에 바람 쐬러 가자고 하는데 내키지 않을 수 있다. 모르는 아이가 내 아이의 장난감을 아무 말 없이 가져갈 수도 있다. 슈퍼마켓에서 줄을 섰는데 누군가 내 앞으로 새치기를 할 수도 있다. 이럴 때 어떻게 할까? 아이가 나의 반응을 본받는다는 사실을 명심한다. 언제나 적극적인 태도를 보이도록 노력한다. 의견을 내어 표현할 때나 진짜로 원하는 것을 밝힐 때, 지나치게 떨거나 분노하지 말고 분명하면서도 상대를 존중하는 태도로 행동한다.

이렇게 하지 말고	이렇게 말하세요
• 별로 가고 싶지는 않지만, 어쩔 수 없이 아주머니를 따라 공원에 간다.	• 고마워요. 그런데 오늘은 별로 공원에 가고 싶은 맘이 없어요.
• 다른 아이가 장난감을 가져가도록 그냥 놔둔다.	• 얘, 너 지금 우리 장난감을 가져가는 것 같구나.
• 슈퍼마켓에서 새치기 하는 사람에게 소리를 버럭 지른다.	• 미안하지만, 착각하신 것 같아요. 우리가 먼저인데요.

중요한 것은 집에서 아이에게 자기주장을 하는 모습을 보여주는 것이다. 사실 타인을 존중하고 자기주장을 할 줄 아는 아이로 키우는 데 가장 큰 걸림돌은 바로 부모가 자녀를 존중하지 않는 것. 공원을 산책할 때, 슈퍼마켓을 갔을 때, 친척 친지 집에 있을 때, 부모들의 그런 모습을 너무 많이 보아왔다. 많은 부모들이 잠시 상황을 모면하려고 갖가지 핑계와 거짓말을 지어낸다.

"가게에 막대사탕이 떨어졌대."

"주인이 슈퍼마켓에서는 뛰는 것이 아니라는데."

"놀이공원은 이미 문 닫았으니까 다른 데로 놀러 가자."

부모가 아이에게 거짓말을 하면 아이도 거짓말을 배우게 된다. 더 나쁜 점이 있다면, 뭔가를 숨기고 비교대상이 되는 기준들을 믿지 않을 뿐 아니라 명확하게 말하는 것을 피한다는 것이다. 자기주장을 할 줄 아는 사람은 거짓말을 하지 않고, 자기 의견이나 결정을 존중하고, 이것을 드러내며 이야기한다. '원한다' '하고 싶다' '유감이다' '내 생각엔' '원치 않는다' '하고 싶지 않다' 같은 표현을 즐겨 사용한다. 아이의 간절한 욕구와 대면하게 되었을 때 이런 식으로 이야기하면 된다. "네가 사탕을 먹지 않았으면 좋겠구나."라고. 물론, 정직하게 의사를 표현하는 것이 속임수로 아이를 설득하는 것보다 어려울 수 있다. 처음에는, 특히 한계를 명확하게 설정하는 것에 습관이 되어 있지 않다면 아이가 화를 낼 수도 있다. 그렇지만 당신이 아이를 존중하는 태도로 행동한다면, 다시 말해서 무성의하게 말하거나 거짓말을 하지 않는다면 두 가지 측면에서 가치 있는 성과를 거둘 수 있다. 첫 번째는 아이가 부모에게서 존중과 자기주장을 하는 태도를 배운다는 점이다. 더 중요하다고 말할 수 있는 두 번째는, 아이가 영원히 부모를 존경할 것이라는 점이다. 교육에서 부모나 교사에 대한 아이의 존경심보다 의미 있고 효과적인 도구는 없다. 아이의 존경심은 부모의 말을 진심으로 수용하게 하며, 전적으로 부모를 신뢰하게 한다.

이렇게 말하지 말고	이런 식으로 말해보세요
• 할 수 없어.	• 나는 지금 하고 싶지 않아.
• 캐러멜이 없다.	• 네가 캐러멜을 먹지 않았으면 좋겠다.
• 넌 다 먹어야 해!	• 다 먹었으면 좋겠다.
• 인터넷이 고장 났어.	• 네가 인터넷을 안 했으면 좋겠다.
• 아빠는 지금 놀 수 없어.	• 지금은 하고 싶지 않다, 얘야.
• 주인이 여기서 뛰어다니면 안 된대.	• 여기에서 안 뛰었으면 좋겠다.

존중과 권리 주장

자기주장의 자세 개발을 위한 프로그램들은 타인의 권리만큼이나 자신의 권리를 인식시키는 데 주안점을 둔다. 자기주장을 할 줄 모르는 사람은 때때로 부당한 취급을 받을지 모른다는 두려움 때문에 지나치게 방어적 태도를 취하여 대인관계에 어려움을 겪는다. 또 오히려 공격적으로 반응하거나 쉽게 체념해버리기도 한다. 누구나 자신이 이야기하고자 하는 것, 느끼는 것, 생각하는 것에 확신을 가질 수 있어야 한다. 누구 앞에서든 자기 의견을 고수할 자세도 가져야 한다. 이는 전적으로 자신의 권리를 아는 데서부터 시작된다.

인간이라는 사실만으로도 당연히 가져야 하는 권리가 있다. 어릴 때부터 아이들이 그것을 인식하면서 성장한다면, 어른이 되어서도 자신에 대해 긍정적인 느낌을 가질 수 있게 된다. 가정에서 아이에게 반드시 전해주어야 할 중요한 권리를 알아본다.

존중과 존엄으로 대접받을 권리

아이를 존중하지 않는 일은 어떤 경우에도 있어서는 안 된다. 아무도 아이를 함부로 대하지 못하게 해야 한다. 그렇게 하지 않으면, 아이의 뇌는 자기가 존중받을 가치가 없는 사람이라고 인식하게 된다.

자기만의 감정과 의견을 가지고 이를 밝힐 권리

아이의 의견에 귀 기울여 진심어린 태도로 경청해야 한다. 아이가 요구한 것을 무조건 다 해줄 필요는 없지만, 아이가 부모의 말을 존중하고 듣는 만큼 부모 역시 아이의 이야기를 존중해주고 고려해주어야 한다.

욕구, 판단, 결정에 대한 수용을 요구할 권리

아이의 언행을 주의 깊게 살펴야 한다. 어떤 그림책을 읽어주길 원하는지, 언제 배가 부른지, 언제 그만 먹고 싶은지, 부모가 제안한 것을 하고 싶은지 아닌지, 이 모든 것에 대해 아이 스스로 잘 알고 있다. 가능하다면 언제나 아이가 직접 결정하도록 한다.

'싫어요!'라고 말할 권리

우리는 자기 의견을 가지고 뭔가를 거부할 수 있는데, 이때 미안한 생각이 들 수 있다. 어느 날 아이가 목욕하는 것이 싫다고 했다면, 무시해도 좋은지 따져봐야 한다. 가능하면 아이가 스스로 결정할 수 있도록, 즉 스스로 한계를 설정할 수 있도록 허용하는 것이 좋다. 그렇지만 자신이 설정한 한계를 벗어났을 때 죄책감을 느끼지 않도록 조심해야 한다. 불필요한 죄책감이나 분노를 느낄 수도 있기 때문이다.

원하는 것을 요구할 권리

누구나 원하는 것을 요구할 권리가 있다. 다른 사람들 역시 우리의 요구를 들어줄지 말지 자유롭게 결정할 권리를 가지고 있다는 사실을 인정해야 한다.

바꿀 수 있는 권리

의견이나 기호, 흥미나 취미를 바꿀 권리가 있다. 아이가 처음에 골랐던 것을 버리고 다른 것을 선택할 권리를 존중해야 한다.

타인의 권리를 침해하지 않는 범위에서, 자기 돈과 몸으로 무엇을 할지 스스로 결정할 권리

아이는 장난감을 친구의 것과 바꾸고 싶을 수 있고, 자기 발에 매직펜으로 그림을 그릴 수도 있다. 부모는 아이를 잘 교육시켜서, 다른 아이에게 상처를 입히거나 손해를 끼치는 행동을 하지 않도록 한다. 만약 두 사람이 동의했다면 장난감 바꾸는 것은 아무 문제가 되지 않는다. 허벅지에 공룡을 그리는 것도 문제가 될 이유가 없다.

실수할 권리

우리는 실수를 한다. 아이도 실수를 한다. 아이가 실수도 별거 아니라는 것을 인식할 수 있도록 도와야 한다.

성공할 권리

다른 아이들이 아직 잘하지 못하는 것을, 내 아이가 잘해낼 때가 있다. 잘 달리고, 잘 뛰고, 잘 읽어서 고민이 될 때도 있는 것이다. 그렇지만 아이가 성취한 것, 잘하는 것이 있다면 그것을 구태여 눈감아서는 안 되고 부끄러워할 이유는 더더욱 없다. 모두는 승리할 권리가 있다. 다른 아이들 역시 각자 다른 장점을 가지고 있다. 부모가 아이의 장점을 인정하지 않는다면 아이는 그 장점을 없던 것으로 만들 것이다.

쉴 권리와 혼자 있을 권리

감정이 북받쳐 오를 때나 지나치게 피곤할 때, 아이도 혼자 있고 싶다. 목이 마를 때 물을 마시는 것과 같이 이를 자연스럽게 받아들일 수 있어야 한다. 아이에게도 그만의 공간을 주어야 한다. 조용히 있게 놔둔다. 아마도 잠깐만 있으면 다시 친구들과 어울릴 것이다.

자기주장을 하지 않을 권리

자신의 주장을 내세울지 말지 스스로 선택해야 할 때가 있다. 자신이 무능력하다는 생각이 드는 날도 있고, 무력감을 느끼게 하는 사람도 있다. 좌절감을 느껴 공격적으로 반응하게 되는 상황도 얼마든지 있다. 그러나 별거 아니다. 상황도 사람도 다양한 법이기 때문에. 아이에게도 자기주장을 내세우지 않을 권리가 있다는 것을 인정해야 한다. 집단캠프에서는 가끔 수동적인 태도가 생존을 위해서 가장 좋은 도구가 될 수도 있다. 학대받는 상황에서는 손톱을 뜯는 것이 유일한 출구일 수도 있다. 고민이 되는 순간이라면 밖에 나가 앉아 있고 싶을 수 있다. 사소한 갈등을 가지고 다투고 싶지 않다는 것 또한 감정지능의 전략이다. 정상적인 조건에서는 자기주장을 하는 것이 가장 좋은 선택지라는 사실은 의심의 여지가 없으나, 늘 모든 사람이 다 똑같진 않다.

아이의 대화 스타일에 지나치게 한계를 설정하지 않는다. 다양한 순간이 있는 만큼 다양한 방법으로 대응하도록 여지를 주어야 한다. 경우에 따라선 두려워하는 것이 정상일 때도 있는 법이다. 언제나 자기주장을 내세우는 사람이 되고 싶지는 않다는 다소 엉뚱한 권리까지도 인정해주어야 한다.

입 다문 아이에게 발언권을 주세요

집단치료 실습을 할 때 처음 배운 것은, 입을 다물고 있는 사람들에게 관심을 가져야 한다는 사실이다. 감정적으로 복잡한 문제를 다루는 모임에서, 가장 말을 많이 해야 할 것 같은 사람이 입을 다물고 있는 경우가 종종 있다. 아이에게도 똑같은 일이 일어날 수 있다.

우리 집 막내가 태어난 지 몇 달이 안 되었을 때다. 아내와 나는 모두 엄청나게 지쳐 있었다. 장남인 디에고는 네 살이 채 안 되었고, 18개월 된 둘째와 두 달에 안 된 셋째가 있었다. 아래 두 딸은 매일 밤 여러 차례 잠에서 깨어 젖을 먹거나 젖병을 빨았다. 우리는 지난 4년 동안 세 번의 임신과 세 번의 출산, 세 아이의 양육으로 지칠 대로 지쳐 있었다. 끊이지 않는 아이들의 울음소리에 아내도 처음으로 짜증을 내던 무렵이었다. 심하게 날을 세워 말다툼하는 일이 잦아졌다. 일요일 아침, 차를 타고 조부모를 뵈러 가는데, 별다른 이유도 없이 아내와 말다툼이 벌어졌다. 서로 상대방을 탓하며 마음 속 깊이 숨겨두었던 묵은 감정들을 꺼내들었다. 바로 그때 룸미러에 언뜻 뒷좌석 카시트에 앉아 있는 아들 디에고가 보였다. 눈을 내리깔고 말없이 아래만 바라보고 있었다. 이 상황이 디에고에겐 억울할 거라는 생각이 퍼뜩 들었다. 디에고는 악몽의 순간을 보내고 있었다. 그때 이렇게 이야기했던 것 같다.

"디에고, 괜찮아. 엄마 아빠는 이제부터 싸우지 않을게."

하지만 그 약속을 지키지 못할 것이라는 사실을 우리는 너무나 잘 알고 있다. 어떤 부모나 가끔씩은 다투기 마련이니까. 그래서 아이에게 발언권을 주기로 결심했다. 그 순간의 느낌을 이야기할 수 있는 사람은 바로 디에고였기 때문이다.

나: 디에고, 너 기분이 어때?

디에고: 안 좋아요.

나: 엄마 아빠가 싸우고 있어서 그러니?

디에고: 예! 무서워요.

나: 감히 말할 수도 없어서? 맞아?

디에고: 맞아요.

나: 그래, 디에고. 입 다물고 있을 때, 하고 싶은 말이 뭐였는데?

디에고: (아주 소심하게) 안 싸웠으면 좋겠다고 말하고 싶었어요.

나: 그래! 그러면 좋은데. 네가 말을 했어야지. 속으로 생각하는 것을 말로 표현할 수 있어야 해. 특히 싫거나 기분 나쁘게 만드는 것이 있을 때 말이야. 그러니까… 내 말 잘 알겠니? 자, 네 생각을 분명하게 말로 해봐.

디에고: 이제 말다툼 좀 그만하세요.

나: 더 크게 말해봐!

디에고: 싸움 좀 그만해요!!!

나: 더, 더 크게!

디에고: 싸움 좀 그만하라고요!!!

디에고는 웃을 수 있었고 금세 즐거워졌다. 큰아이에게 주저하지 말고 하고 싶은 말이 있으면 바로 이야기하라고 가르쳤던 그날이 나는 무척이나 뿌듯했다. 몇 개월 지나자 아내와도 다툼이 줄었다. 아내와 다툴 때마다 아이는 그만 좀 싸우라고 이야기했다. 가끔은 아이 말을 듣기도 했지만 언제나는 아니었다. 하지만 우리는 그리 불안하지 않았다. 유아 카시트에 앉아 아무 말도 하지 못하고 있던 그날의 슬픈 표정은 다시 보이지 않았기 때문이다.

부모로서 언제나 완벽할 순 없다. 슈퍼부모는 없다. 우리는 쉽게 화를 내고 말다툼을 하고 실수도 한다. 그렇지만 입을 다물고 있는 아이에게 생각하는 바를 이야기할 수 있게 해야 한다. 느낌을 표현하고 원하는 것을 요구할 수 있어야 한다. 그래야 아이가 자기주장을 할 줄 아는 사람으로 성장한다. 겁먹을 상황이 펼쳐지더라도 스스로를 방어할 수 있는 사람이 된다.

기억합시다

자기주장 능력은 어떤 아이에게나 특별한 선물이다. 원하는 것과 싫은 것, 두려움, 불안을 자유롭게 표현할 수 있기 때문이다. 아이 머리에 언제나 권리의식이 있어야 한다. 아이 생각을 존중하고 긍정적으로 평가하자. 아이가 두려워하거나 무기력해지는 특별한 상황에서는 아이에게 발언권을 주자. 그러면 아이도 스스로를 방어할 줄 알게 되고, 원하는 것이 있을 때 곧바로 요구할 수 있게 된다.

15
행복의 씨앗 심기

> 행복은 만들어져 있는 것이 아닙니다. 당신의 행동
> 에서 생겨나는 것이지요.
>
> 달라이 라마

2000년 봄 나는 미국에서 열린 아동우울증 컨퍼런스에 참가할 기회가 있었다. 저명한 심리학자인 마틴 셀리그만 박사의 이야기를 직접 들을 수 있어서 좋았다. 그는 1970년대 말 우울증의 뿌리에 대한 혁명적인 이론을 개발하여 유명해진 학자다. 그는 당시 미국에서 아동우울증 환자가 엄청나게 증가하는 것에 주목했다. 셀리그만 박사는 좌절을 참아내는 능력이 우울증을 극복하는 데 얼마나 중요한지 설명했다. 그러나 요즘 아이들이 부모나 조부모 시대와는 전혀 다른 좌절 상황에 놓여 있다는 점이 충고를 어렵게 한다고 했다. 인터넷붐 초기이지만, 이 때 아이들은 누구나 컴퓨터 앞에 혼자 앉아 메일을 쓰거나 채팅을 했다. 아이들은 그전 시대와 달리 좌절을 극복하는 능력을 키울 기회들을 모조리 잃어버린 듯했다. 같은 반 친구와 대화를 위해 내일까지 기다릴 필요도 없었고, 지난여름 사귄 친구와 편지를 주고받는 데 단 몇 분도 걸리지 않는다. 짧은 시간도 참지 못하는 사람이 된 것이다.

셀리그만 박사의 이야기처럼, 부모 시대의 잃어버린 가치를 보완할 무언가를 찾아내지 못한다면, '즉시만족' 시스템과 새로운 기술의 발전이 아이들의 정신건강에 심각한 위협이 될 것이다. 이 모든 예언들이 사실이 될 것이다. 이젠 친구들과 채팅을 위해 컴퓨터 앞에 앉을 필요도 없다. 어린아이들도 손바닥에서 모든 것을 해결할 수 있는 기술과 네트워크를 가지고 있다. 떨어져 있는 친구와 24시간 대화를 나눌 수 있다. 여자 친구와 개인적으로 이야기하기 위해 용기를 내는 것도, 머리를 굴리는 것도 이젠 필요하지 않다. 인터넷은 이 모든 것을 쉽게 만들어줬다. 교실에서 이야기를 전혀 나누지 않는 아이들도 집에 와서는 채팅을 한다. 게다가 부모들은 아이에게 점점 더 관대해져 이 모든 것을 묵인한다.

마틴 셀리그만 박사는 우리 시대의 가장 영향력 있는 심리학자다. 아동우울증에 대한 박사의 예측으로 새로운 연구 분야가 문을 열었다. 예컨대, 긍정심리학이다. 행복으로 통하는 열쇠를 찾는 데 집중하는 심리학 분파이다. 이들이 초점을 맞추는 연구는 아이들에게 행복을 경험하게 해주고 우울증 예방을 위해 할 수 있는 일이 무엇인지 알아내는 것이다. 10년 이상의 연구 끝에 행복의 열쇠에 대해 많은 것을 알게 되었다. 긍정심리학에서 밝혀낸 흥미로운 사실은 몇 가지 습관이나 버릇을 바꾸는 것만으로도 행복지수를 한 단계 높일 수 있다는 것이다. 우리는 아이들이 긍정적인 생각 스타일을 가지도록 도와줄 수 있다. 일상생활에서 아이들에게 몇 가지 가치와 간단한 습관을 전해주기만 하면 된다. 지금부터 당신과 아이가 낙천적인 삶을 영위할 방법을 들려줄 것이다.

좌절 극복의 방법 배우기

행복한 어른이 되기 위해 아이가 평생을 통해 배워야 할 과제는 좌절을 극복하는 법이다. 삶은 크고 작은 행복과 만족, 그리고 크고 작은 난관들로 이루어져 있다. 그 어떤 부모도 아이를 고통과 불만족으로부터 완벽하게 해방시킬 수는 없다. 따라서 아이 스스로 좌절을 극복할 방법을 배우는 수밖엔 없다. '안 돼.'가 거절을 의미하는 흔한 언어라는 사실, 아이도 알아야 한다. 살아가면서 이 말을 엄청나게 많이 듣게 될 테니까. 설명해주고, 안아주거나 공감하는 태도로 아이를 납득시켜라. 특히 경우에 따라 세상일이 그리 만만하거나 우호적이지 않다는 것을 알게 해야 한다. 당연한 일이다. 그러면 아이에게 도움이 될, 좀 더 빠르게 좌절을 딛고 일어서는 방법이 있을까? 뒤편 '자제력'장에서 좌절을 극복하고 통제하는 비결과 전략을 다룰 것이다.

욕망을 다 채워주는 것은 피하세요

많은 연구들을 통해 부와 행복 사이에 어떤 연관관계도 없다는 사실을 알게 되었다. 기아와 추위의 고통으로부터 벗어나기 위해 경제적 풍요가 분명 필요하지만, 어느 정도 안정된 수준에만 이르면 돈은 더 이상 행복을 안겨주지 못한다. 그렇다. 행복이란 수입이나 사회적 지위, 혹은 소유하고 있는 물질적인 재화와 연결된 것이 아니다. 구두를 사거나 새 차를 사면 어느 정도 만족을 느낀다는 것은 분명한 사실이다. 그러나 이로 인해 얻은 행복은 불과 몇 분 정도밖에 지속되지 않는다. 복권 당첨자들에 대한 연구를 통해, 백만장자가 되어도 몇 달만 지나면 예전과 별 차이를 못 느끼게 되고, 행복할 수도 그렇지 않을 수도 있다는 것을 알 수 있다.

아이의 모든 욕구를 채워주는 것을 피하라. 그러면 아이에게 다음 세 가지를 가르칠 수 있다. 첫째, 행복은 돈으로 살 수 없다는 것. 둘째, 삶에서 우리가 원하는 것을 모두 가질 수는 없다는 사실. 셋째, 사람은 현재의 평온한 상태, 그리고 스트레스 없는 타인과의 관계맺기에 따라 행복을 느낀다는 사실이다.

인내심을 기르도록 해주세요

예컨대 젖먹이 때부터, 혹은 아이가 약간의 불편함을 스스로 자각하게 되는 시점부터 시작할 수 있다. 아이의 요구에 너무 즉각적으로 응하지 말고, 참고 기다리는 아이의 능력을 한 번 믿어보자. 운다고 너무 걱정할 필요 없다. 좌절의 맛은 고통이라는 사실을 아이에게 가르칠 수 있다. 가능한 빨리 돌봐주는 게 옳지만, 아이가 당신을 믿고 좀 차분해질 수 있다면 잠시 동안의 좌절은 참을 수 있다. 아이가 성장하면 한계선, 특히 시간과 관련한 규범을 지키는 법을 가르쳐 좌절을 스스로 통제할 수 있게 하여야 한다. 원하는 것을 얻기 위해선 상당 시간 기다리거나 일정한 과정을 거쳐야 한다는 것을 배워야 한다. 새 장난감을 꺼내기 전에 반드시 먼저 가지고 놀았던 것을 정리하도록 가르친다. 밥을 먹기 전에는 손을 씻어야 하고, 그림을 그리기 전에 책상을 정리해야 한다. 선물을 받기 위해선 생일이나 특별한 날을 기다려야 한다. 아이는 분명히 이를 좌절 혹은 조바심으로 받아들일 것이다. 그렇지만 한편으로 희망을 안고 기다리는 법을 배울 수 있다. 바로 이것이 높은 수준의 행복감을 가진 사람들의 또 다른 특징이다.

긍정적인 방향으로 관심을 돌리세요

소유하지 못한 것을 끊임없이 갈구하는 것은 불행한 사람이 되는 첩경이다. 불행하다고 느끼는 사람들은 언제나 자기를 괴롭히는 것, 슬프게 만드는 것에 관심을 돌리는 경향이 있다. 행복한 사람들은 언제나 관심을 긍정적인 방향으로 돌린다. 다행히도 관심의 방향은 바꿀 수 있다.

치과의사의 뇌는 언제나 치아 관점에서 생각하기 때문에 사람들의 웃음에 주목하듯이, 우리는 아이에게 긍정적인 관심 스타일을 개발시킬 수 있다. 친구는 소유하고 있는데 자기는 없는 것으로 인해 좌절감을 느낄 때, 가장 간단한 전략은 아이가 현재 가지고 있는 것, 운명이 허락해준 물질적, 비물질적인 것으로 관심을 돌리는 것이다. 절대로 아이의 감정을 부정하려고 하지 말고, 공감의 태도로 들어주자. 아이가 긍정적으로 생각하도록 도와주면 된다. 소유하지 못한 것에 주목하는 사람은 슬픔만 느끼고, 소유하고 있는 것에 주목하는 사람은 만족과 행복을 느낀다. 이를 납득시킨다.

긍정심리학의 연구에서 밝혀낸 바와 같이, 관심을 긍정적인 쪽으로 돌릴 수 있는 간단한 훈련을 집에서도 할 수 있다. 학생들에게 매일 저녁 그날 일어났던 일 중에서 가장 긍정적이라고 생각되는 것 3가지씩을 종이에 쓰도록 했더니, 4주가 지나자 이들의 행복지수가 눈에 띄게 높아졌다. 나는 매일 저녁 아이에게 동화를 읽어주기 전에 낮에 있었던 일 중에서 좋았던 것 두세 가지씩 말해달라고 시킨다. 이 간단한 방법을 실행에 옮기면 아이가 사물들의 밝은 면에 주목할 수 있다. 뿐만 아니라, 부모 역시 아이에게 가장 중요한 것이 무엇인지 깨닫게 된다. 물론 하루의 가장 좋았던 일을 생각하는 것이 아이를 열광시킬 만한 일은 아니다. 그렇기에 바로바로 대답하진 못한다. 그래도 꾸준히만 할 수 있다면 아이의 긍정적인 사고 개발에 큰 도움이 되리라 믿는다.

감사하는 마음을 연습하세요

감사하다는 말을 자주 하고 감사함을 느낄 줄 아는 사람이 더 높은 수준의 행복에 도달한다. 그 이유는 감사하는 마음이 삶의 긍정적인 면에 관심을 가지게 한다는 데 있다. 감사할 줄 아는 마음을 연습하자. 그리고 다른 사람에게 감사를 받는 사람이 되는 것이 얼마나 중요한지도 알려준다. 신앙심이 있든 없든, 저녁식사 시간에 함께 식탁에 앉아 저녁을 먹으며 이런저런 것을 향유할 수 있음에 감사하고 행복하다고 느끼게 하자. 이 간단한 습관 하나가 아이에게 주어진 운명과 물질에 대해 감사할 줄 알게 만든다. 큰 행복을 준다.

만족을 안겨주는 것들에 더 집중하게 하세요

단순한 생각으로 보일 수도 있다. 그렇지만 곰곰이 생각하면 정말 강력한 아이디어라는 것을 알 수 있다. 시간을 투자하여 좋아하는 일을 하는 사람은 좋아하지 않는 일에 매달리는 사람보다 훨씬 더 행복하다. 구체적으로 취미를 가진 사람들, 예컨대 그림, 스포츠, 요리 같은 일에 시간을 잊을 정도로 푹 빠져 있는 사람들은 이런 취미가 없는 사람보다 훨씬 더 행복한 법이다. 아이가 그림 그리는 것을 좋아하거나 인형을 정리하는 것이나 만들기 혹은 동화읽기를 좋아한다면 그 시간을 존중하고 장려해준다. 시간개념을 뛰어넘는, 혹은 시간을 잊어버릴 수 있는 능력은 행복이라는 관점에서 매우 가치 있는 것이다.

아이가 원치 않는, 혹은 아이를 기분 나쁘게 만드는 것들과는 거리를 유지할 수 있게 도와준다. 불가피하게 마음이 가지 않는 친구와도 얽혀야 하는 경우도 있지만, 가급적 아이가 기분 좋게 놀 수 있는 친구와 어울릴 수 있게 도와준다. 자기를 함부로 취급하는 아이와 있으면 기분이 좋지 않을 수 있다는 사실을 이해하자. 친구를 선택하는 것을 배우는 것도 정서적인 안정을 위해 정말 중요한 열쇠이다.

행복의 씨를 뿌리자

인내심을 개발하자

감사

좌절을 극복하자

자신의 성취와 능력을

긍정적인 것을 생각하자

인식하자

탐구할 시간

두려움을 극복하자

공감

수용

믿음

관계

확신

기억합시다

행복은 성격, 확신, 믿음, 권리를 지킬 수 있는 능력, 그리고 삶에 대한 긍정적인 시각의 집합이다. 아이들이 매일 사소한 일에 감사하는 마음을 느낄 수 있도록 도와준다. 낮에 있었던 긍정적인 일들을 상기시켜 주고, 인내심을 길러주고, 실패를 극복하는 법을 익히게 도와줌으로써 긍정적인 사고 스타일로 기를 수 있다.

IV
지성 뇌의 6가지 영역 개발

> 놀이는 우리 뇌가 뭔가를 배우기 위해 즐겨 찾는 방법이다.
>
> 다이앤 애커먼

지적능력은 뇌에서 가장 바깥쪽에 위치한 대뇌피질이 관장한다. 피질은 접힘과 무수히 많은 주름이 특징이다. 앞에서 살펴본 바와 같이 지성 뇌는 어릴 적에는 그 역할이 훨씬 작다. 갓난아기는 거의 주름이 없는 맨질맨질한 뇌를 가지고 있다. 때문에, 주로 감정 뇌를 통해 세상과 관계를 맺는다. 하지만 아이가 세상을 배워감에 따라, 그리고 새로운 능력을 개발해 나가면서, 수천억 개의 신경세포 연결체(시냅스)가 나타나기 시작한다. 아이가 뭔가 새로운 걸 배울 때마다(이를테면 '공갈젖꼭지를 바닥에 떨어뜨리면 소리가 난다.' 같은) 뇌는 새로운 연결을 만들어낸다. 아이를 둘러싸고 있는 세상이 지성 뇌를 위해서 가장 좋은 선생님이 되어주

―― 미국의 시인이자 박물학자, 정원사. 박물학과 뇌과학을 주제로 많은 책을 썼는데, 대표작은 〈감각의 박물학〉〈나는 작은 우주를 가꾼다〉〈천개의 사랑〉.

는 셈이다.

아이의 언어 습득은 물론, 규범, 관습, 문화와 연계된 중요한 초기 지식들을 전해주는 역할을 하는 우리 부모들은 아이의 지적 발달에 가장 큰 기여를 한다. 에스키모 족의 아버지는 언어를 가르칠 때 두 손가락을 이마에 댄다. 그리고 썰매 개를 어떤 식으로 다뤄야 할지, 물개를 잡는 작살과 고래를 잡는 작살이 어떻게 다른지를 알려준다. 당신의 가르침도 이 같은 이누이트 아버지의 가르침과 크게 다르지 않을 것이다. 이누이트나 당신 모두 아이들이 성공적으로 고유문화 안에서 살아갈 삶의 열쇠를 전해줄 테니까.

부모는 관습이나 지식전달 역할만을 맡고 있는 것이 아니라, 생각방식이나 스타일을 전해줌으로써 지적인 발전에도 지대한 영향을 미친다. 기억을 조합하는 스타일, 이야기를 가공하는 스타일, 미래를 예견하는 스타일 등이 아버지에게서 아들로 전달되는데, 이는 아이의 지적인 발전에 엄청나게 기여한다.

내 경험에 의하면, 아이의 뇌가 가진 잠재력의 열쇠는 부모자식 간의 관계에서 그 답을 찾을 수 있다. 인간의 두뇌에 복합적인 자극을 줄 수 있는 것으로는 타인의 존재가 최고이다. 목소리가 담고 있는 억양, 안면 근육의 미세한 움직임, 문장에 담긴 문법의 해석 등 타인이 던져주는 동기유발은 최고의 도전과제가 된다. 그러나 최근 많은 부모들이 자녀와의 대화보다도 태블릿이나 휴대폰에 담긴 프로그램이 더 효과적인 자극을 줄 수 있다고 생각하는 것 같다. 이런 부모들은 인간의 두뇌가 현존하는 어떤 컴퓨터보다도 더 변화무쌍하고 복잡하고 효율적이라는 사실을 간과한다.

다음의 비교는 인간 두뇌가 가진 비교 불가능한 능력을 완벽하게 설명해줄 것이다. 전 세계 수천수백만 명의 아이들이 가지고 놀고 있는 태블릿 PC가(아이패드2) 1초에 실현할 수 있는 연산능력은 170메가플롭스 정도이다. 하지만 똑같은 시간동안 인간의 두뇌는 2,000억 메가플롭스의 연산을 할 수 있다. 다시 말해서 인간의 뇌는 아이패드2보다 1,200만 배 더 빠르다. 만일 컴퓨터가 아이의 지능발달에 유익한 효과가 있었다면 인터넷 사용이 보편화되기 시작한 2000년부터 매년 아이들이 더 똑똑해졌을 것이다. 특히 휴대폰 사용이 일상화된 2010년부터는 말할 것도 없다.

비록 인터넷이나 휴대폰이 놀라운 것이긴 하지만, 정보통신기술은 두뇌에 긍정적인 영향를 주지 못한다. 얼마든지 증명할 수 있다. 오히려 인내심만 더 잃게 하고 목뼈엔 고통을 주고 시력의 예리함을 잃게 만든다. 아이의 두뇌 발전을 우선적으로 생각한다면, 유아용 애플리케이션을 모두 지워버리고 모든 정보통신 기기들을 아이의 손이 미치지 않는 곳으로 치워버리는 게 가장 좋다. 개인적으로 예측을 하나 하자면, 몇 년 안에 이런 응용 프로그램들은 건강상 부작용을 명시한 설명서가 부착된 채 판매될 것이다.

IT 기술이 아이들 두뇌에 그다지 유익한 효과가 없다는 것에서 한 걸음 더 나아가, 오늘날 지적능력이라고 이해하고 있는 것들에 대해 설명해보겠다. 많은 사람들은 지적능력과 지능지수(IQ)를 동일시하고 있다. 지능지수는 20세기 초에 개발된 것으로, 지식수준에 따라 아이들을 분류, 좀 특별한 관심을 쏟기 위한 것이었다. 오늘날 지능지수는 많은 비판을 받는다. 예컨대 모든 지적 능력을 제대로 평가하지 못한다는 점이 그것이다. 더욱이 측정하고자 하는 지적능력 자체가 오늘날 '지능'에 대한 변화된 개념과 맞아떨어지지도 않는다.

알다시피 지능이란 정말 다양한 색깔을 띠고 있다. 우리가 내릴 수 있는 지능에 대한 가장 좋은 정의는 '새로운 문제를 해결하는 능력, 혹은 변화된 상황에 적응하는 능력'이다. 이것이 지능의 개념을 잘 정의하고 있긴 하지만, 사실상 지능지수는 개인의 학문적 성취와 사회경제적, 혹은 노동 차원의 역량 수준이라고 말할 수 있다. 우리 현실 사회에서는 머리가 좋고, 약삭빠르고, 좀 '약은' 사람이 되는 것이 매우 중요하다. 그렇지만 학문적으로는 정신을 수련하고 광범위한 문화적 지식 소양을 갖는 것이 진정한 의미의 지적능력이다. 이 경우 역시 어느 정도 균형을 맞추는 것이 최고의 공식이 될 것이다. 이러한 의미에서 지식을 잘 습득하도록 아이를 도와주는 것만큼이나 영악한 악동 같은 면모를 길러주는 것도 엄청나게 중요하다. '생활지능'과 '학습지능' 사이의 균형, 정말 필요하다.

지성 뇌가 가진 여러 능력들이 있다. 주의력, 집중력, 언어구사력, 기억력, 자제력, 시각지능, 실행지능이 바로 그것이다. 우리가 별로 관심을 두지 않았지만 이 능력들은 일상적인 사고방식, 문제해결, 판단과 결정은 물론, 삶에서 이루고자 하는 목표 달성에 결정적 영향을 미친다. 시각지능을 잘 개발한 아이는 더 직관적인 방식으로 문제를 해결할 것이다. 좋은 기억력을 가진 아이는 문제를 가장 빠르게 해결해줄 유사한 상황을 떠올릴 것이다. 주의력이 높은 아이는 차이를 드러내는 세세한 점에 관심을 줄 것이며, 마지막까지 집중할 것이다. 언어를 최고 수준으로 습득한 아이는 의견이나 주장을 분명하고 설득력 있게 표현할 수 있을 것이다. 자기통제력을 갖춘 아이는 날아오는 기회를 잡기 위해 적절할 때까지 기다릴 줄 알 것이다. 이 모든 능력을 갖추고 종합적으로 사용할 수 있는 아이라면 분명 삶에서 엄청난 이점이 있을 것이다.

이 책 마지막 파트인 지금부터는 아이의 발전을 도울 지성 뇌의 가장 중요한 도구들, 즉 실제적이면서도 전략이 될 수 있는 도구들을 살펴볼 것이다. 복잡한 수식이나 연습문제, 표 따위는 없다. 아이의 두뇌를 자연스럽게 발전시키는 방법이면서 즐기고 생각하며 재미있게 놀 수 있는 실질적인 아이디어를 볼 수 있다. 지능개발이라는 측면에서 가장 중요하게 꼽는 여섯 가지 영역을 살펴볼 것이다.

16
주의력

인생에서 성공은, 원하는 것에 집중하여 매달리는
능력 외에 다른 재능이 필요치 않다.

찰스 웬드트

주의력은 창문과 같다. 그것을 통해 우리는 세상과 대화할 수 있
다. 집을 사기 위해 세 곳을 방문하는 상상을 해본다. 첫 번째 집
은 창문이 하나인 넓은 거실이 있다. 하지만 창문이 너무 작아서
전경을 충분히 감상하기 위해선 몸을 움직여야 하고, 집 전체의
밝기를 떨어뜨린다. 두 번째는 멋진 모자이크가 거실 창문을 돋
보이게 해주는 집으로, 처음에는 정말 매력적이고 재미있다고 생
각했다. 그러나 형형색색의 유리는 밖을 깔끔하게 바라볼 수 없
게 만들었다. 전경이 모두 조각조각 파편화되었고, 방도 어두웠
다. 세 번째 집은 넓은 창문이 있어, 밖을 시원하게 바라볼 수 있
었고, 밝은 햇살이 쏟아져 들어왔다. 그 순간 거실에 앉아 전경을

─── 19세기 아일랜드의 신부이자 학자.

감상하고 싶다는 생각이 들었고, 창문 옆에서 편안하게 책을 보고 싶다는 생각도 들었다.

주의력이란 거실에 설치할 수 있는 다양한 모양의 창문과 같다. 주의력이 약하면 사물에 대한 좋은 시야를 확보하기가 어려울 뿐 아니라, 밖으로부터 들어오는 정보를 모으는 것도 쉽지 않다. 주의력이 파편화되어 있으면 집중하기가 어렵고 외부의 빛을 이용하기 역시 어렵다. 그러나 넓고 편안한 주의력이 있으면 우리는 훨씬 잘 집중할 수 있고, 우리를 둘러싸고 있는 세상의 세세한 점까지도 인식할 수 있으며 보다 또렷하게 바깥세상에 대한 지식을 습득할 수 있다.

느린 주의력

강한 주의력을 유지하기 위해 어른들은 종종 긴장완화 프로그램이나 요가학원에 등록한다. 보다 명징한 정신력을 가질 수 있다는 기대감에서다. 대기업 임원진들은 집중력과 창의력, 판단력, 생산성을 강화할 수 있는 방법으로 '명상법'을 연습하기도 한다. 그런데 부모들은 아이의 좀 더 빠르고 경쾌한 주의력을 위해 계속 휴대폰에 게임이나 앱을 내려받고 있다.

아이들이 비디오 게임을 해도 놔두는 데에는 아이들이 빨리 성장하길 바라는 부모의 마음이 반영되어 있다. 아이가 종이에 직선 긋는 것을 연습해야 할 때 부모는 태블릿을 잘 쓸 수 있길 바라고, 마법사와 공주로 가득한 세상을 상상하며 놀아야 할 때 비디오 게임에서 자동차를 모는 스타가 되길 바란다. 많은 부모들이 비디오 게임을 아이를 더 빠르게 성장시킬 수 있다고 믿고 있다.

주의력의 속도를 키울 생각이라면, 조금씩 발전해 나가는 지적 능력에 주목해야 한다. 어린 아기가 뭐든 처음 할 때에는 사물에 대해 아주 짧은 시간 동안만 주의를 집중할 수 있다. 언제나 자극을 따라 움직이며 소리를 따라다닌다. 시간이 지나면 아기는 좀 더 오랫동안 자기 의지에 따라 주의를 집중할 수 있다. 자극을 주거나, 빛이나 소리를 낼 필요가 없다. 좀 더 시간이 지나면 아이는 주의를 자기 주도적으로 통제하는 것을 배울 수 있다. 더 오랫동안 편안하게 앉아 있을 수 있고, 긴 시간을 혼자서도 놀 수 있게 된다.

이때쯤 되면 많은 부모들이 휴대폰과 태블릿 게임을 활용하여 아이를 자극하기 시작한다. 예컨대 아이들이 날아다니는 돼지 게임을 하고 자동차를 몰고 여기저기 돌아다니며, 화면 전체를 이리저리 옮겨 다니는 새를 찾아내기를 원하는 것이다. 비디오 게임은 주의력이나 마인드컨트롤 능력을 향상시키기보다 오히려 후퇴시킨다. 게임의 세계가 보여주는 사물의 움직임과 속도가 훨씬 빠르기 때문에 아이들은 현실의 소리와 움직임, 빛에 더 이상 반응하지 않게 되는 것이다. 결국 이제 걷기 시작한 아이에게 800cc짜리 오토바이를 선물하는 것과 같다.

주의력의 가치

IT 기술이 제공하는 놀이가 아이들의 두뇌에 긍정적이지 않은 또 다른 이유가 있다. 감정 뇌에는 '줄무늬체'라는 이름의 부위가 있는데, 기호와 취향, 욕구의 개발과 관련하여 아주 중요한 곳이다. 주의력과 긴밀하게 연결되어 있는 줄무늬체는 주로 두 가지를 기준으로 어떤 활동이나 놀이가 더 바람직한지 판단하는 일을 한다. 첫째는 자극의 세기, 두 번째는 만족에 도달하는 속도이다. 자극이 새롭고 만족스러울수록, 강력하고 빠를수록, 이러한 활동을 관장하는 줄무늬핵이 '사랑에 빠진' 상태가 된다. 문제는 광적으로 사랑에 빠져 다른 생각을 전혀 못 하는 사람처럼, 몇몇 욕망이 줄무늬핵을 다 차지해버렸을 경우에 나타난다. 태블릿이나 비디오 게임 같은 짜릿한 자극을 주는 매체에만 빠져버린 아이는 다른 것에, 예를 들어 부자간의 대화, 인형 놀이, 자전거 타기에는 흥미를 잃어버리는 것이다. 더 나아가 수업에 집중하는 것, 독서를 하는 것, 숙제하는 것 따위는 절대 하지 않게 된다.

실생활에서 동기가 없거나 작을 때, 이런 아이들은 주의가 산만한 아이처럼 보일 수 있다. 주의력결핍이라는 황당한 판정을 받을 수도 있다. 사탕의 유혹에 빠진 아이와 마찬가지로 달지 않은 음식에는 입맛을 전혀 느끼지 못하는 것이다. 과일처럼 다른 사람들에게는 정말 맛있다고 여겨지는 음식인데도 말이다. 결국 비디오 게임을 지나치게 즐기는 아이는 다른 것에 대한 환상을 잃어버릴 위험이 너무 크다.

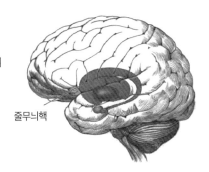

줄무늬핵
- 집중력
- 대상에 감정의 정도 할당하기
- 결정 내리기

줄무늬핵

문제는 또 있다. 시간이 지날수록 증상이 더 심각해지는 것이다. 비디오 게임에 대한 애착만큼 강한 만족감을 줄 수 있는 것은 마약, 도박 그리고 섹스뿐이다. 줄무늬핵이 우리에게 보여주는 반응의 결과가 그렇다. 이미 말했듯이 뇌는 우리가 원하는 대로 움직이진 않는다. 자체적인 메커니즘에 따라 움직인다. 줄무늬핵은 중독을 일으키는 질병이나 주의력결핍에 아주 중요한 역할을 하는 구조인 만큼 잘 감시하고 보호할 필요가 있다. 요리사가 혀를 훈련하고 잘 보호해야 하는 것처럼, 부모들은 어른도 방어하기 어려운 너무 강한 자극 앞에 아이를 노출시키지 않도록 해야 한다. 그보다 먼저 아이들이 다양한 맛과 다양한 삶의 결을 즐길 수 있게 해주어야 한다.

IT 기기에 대해서 이런 부정적 평가를 내리는 사람이 나 하나뿐이 아니다. 노출 시간을 제한해야 한다는 의견을 가지고 있는 교육전문가들은 얼마든지 있다. 물론 우리가 시대와 동떨어진 괴짜처럼 보일 수도 있다. 그래서 당신이 놀랄 만한 다른 사례를 들어보겠다.

2010년 신문기자가 그 유명한 스티브 잡스에게 15살과 12살 먹은 잡스의 아이들이 아이패드의 어떤 앱을 가장 좋아하는지 물었다. 잡스는 이렇게 대답했다.

"아직은 아이패드를 쓰지 않습니다. 아내와 나는 아이들에게 IT 기기 사용을 제한하고 있습니다."

빌 게이츠 역시 아이들이 모니터에 빠지는 것에 대해선 상당히 신중한 태도를 보였다. 게이츠는 컴퓨터나 인터넷 사용을 10살 때까지는 허용하지 않았을 뿐만 아니라, 10살 이후에도 모니터 접근은 매우 제한적인 조건에서 허용했다. 즉 월요일부터 금요일까지는 45분간, 주말에는 1시간만 할 수 있었다. 스티브 잡스나 빌 게이츠 이상으로 좋은 예는 없다.

사실 이러한 경향은 세계적인 IT 회사의 임원들 사이에서는 너무나 보편적인 것이다. 2011년 10월 뉴욕 타임스는 '컴퓨터를 사용하지 않는 실리콘 밸리의 학교'라는 제목의 사설을 게재하였다. 실리콘 밸리 한복판에 위치한 페닌슐라 발도르프 학교에서는 학생들이 옛날 전통적인 방법으로 배우고 있다. 예컨대 전자 칠판이나 키보드를 사용하지 않고, 학생들은 직접 분필로 손을 더럽혀 가면서, 틀릴 때마다 노트에 볼펜으로 줄을 그어가면서 공부한다. 채소를 가꾸고 그림을 그리고 생각에 많은 시간을 사용한다. 가장 흥미로운 사실은 교실을 가득 메우고 있는 학생들 대부분이 실리콘 밸리의 대기업, 즉 애플, 야후, 구글, 마이크로소프트, 페이스북의 임원들 자녀라는 사실이다. 이 부모들은 IT 기기가 아이의 두뇌 개발에 그다지 긍정적이지 않다는 것을 잘 알기 때문에 전통적인 교육방법을 더 선호하고 있다.

이런 형태의 자극, 즉 텔레비전, 게임, 휴대폰, 태블릿에 노출시켰을 때 아이에게 나타나는 부정적 효과는 아주 중요하게 생각해야 한다. 미국소아과학회는 6세 미만의 어린이에게는 모니터 사용이 바람직하지 않다고 충고했다. 미국에서 가장 유명한 의료기관인 메이오 클리닉은 주의력결핍을 예방하기 위해서라도 유년기의 아이에겐 사용을 제한하라고 권고한다. 당연히 신경과학자인 내 휴대폰과 태블릿에는 아동용 앱이 전혀 없다. 아이와 함께 휴대폰에 저장된 사진을 보기도 하고, 뮤직비디오를 보면서 춤추는 것을 배우는 정도는 한다. 하지만 게임은 하지 않을 뿐더러 텔레비전 앞에 앉아 있는 시간도 철저히 제한한다. 미국소아과학회와 메이오 클리닉이 내린 처방과 내 직감이 일치하는 부분이다.

IT 대기업 임원들이나 미국소아과학회, 메이오 클리닉이 분명하게 밝히고 또 지키고 있는 이 원칙을 당신 가족은 어떠한가? 물론 지키지 않는 사람이 많을 뿐더러, 적지 않은 부모들은 오히려 아이의 두뇌 훈련에 모니터를 적극적으로 사용하고 있다. 이 때문에 이 책 뒷부분에 0세에서 6세 아이들에게 효과가 있을 거라고 생각하는 교육용 프로그램과 앱을 밝혀두었다.

지금까지 무엇이 아이들의 주의력 개발을 방해하는지 알아보았다. 이제부터는 주의력 개발을 도울 전략 몇 가지도 알아보자.

아이와 함께 시간을 보내세요

이건 아주 간단한 전략이다. 베이비시터나 유모와 많은 시간을 보내는 아이는 당연히 텔레비전 앞에서 많은 시간을 보낸다. 그러다보니 상류층 가정의 아이들에게도 주의력결핍이라는 문제가 광범위하게 나타난다. 양쪽 부모 모두 일하는 맞벌이 가정도 마찬가지다. 어쩔 수 없어서 다른 사람에게 아이를 맡기는 경우가 많기 때문이다. 상당수 부모들의 경우, 많은 시간을 집에 있기 힘들기 때문에 도와줄 사람이 필요하다. 이런 경우에도 텔레비전을 하루 종일 켜놓는 식은 절대 하지 말아야 한다. 돌봄센터나 어린이집도 텔레비전 시청은 하지 않거나 제한적으로 하도록 해야 한다. 나는 매일 아침 출근하기 전에 텔레비전 전기선을 뽑아버렸다. 심하게는 아예 텔레비전을 없애는 방법도 좋겠다. 사실 아이들도 텔레비전을 보지 않고 아침시간을 보낼 때 훨씬 더 많이 웃고 즐겁게 보낸다. 장난감이나 놀이 같은 다양한 활동을 하면서 오전을 보내는 것이다. 텔레비전 보는 시간을 줄이고, 아이와 함께 놀면서 시간을 보내는 것이야말로 아이의 집중력, 주의력을 향상시키는 데 가장 확실한 방법이다.

감정 발산을 할 수 있도록 해주세요

주의와 집중을 하기 위해선 반드시 자기통제가 필요하다. 아이가 학교에서 규칙을 잘 지키고 친구들과 좋은 관계를 유지하면서 한나절을 보냈다면, 자기통제 역할을 책임지고 있는 두뇌 영역도 분명 지쳐 있을 것이다. 회복을 위해선 어느 정도의 휴식이 반드시 필요하다. 가장 좋은 방법은 자유롭게 놀면서 감정을 발산하는 것이다. 아이에게 스트레스를 발산하도록 매일 자유롭게 놀 시간을 주라. 공원에서 뛰어놀거나 스포츠 활동을 하는 아이들은 자기만의 에너지 조절 능력이 있다. 뿐만 아니라 주의력결핍 장애로 인해 고통 받을 위험도 현격히 줄어든다.

방해하지 마세요

주의력이 좋으면 집중력도 좋아지는 법이다. 아이가 산만해지는 것을 피하고 싶다면, 당신이 아이의 집중을 방해하는 사람이 되어서는 안 된다. 아이가 완전히 몰입해서 동화를 보거나 장난감과 놀 때, 그리고 가만히 있을 때조차도 그 순간을 존중해주라. 바로 그 순간이 아이가 최고로 주의력을 끌어올리고 있는 때이기 때문이다. 반드시 보호해주어야 한다. 다른 아이들과 놀고 있을 때도 그 공간을 존중함으로써 아이를 도와줄 수 있다. 함께하고 싶다는 욕구가 너무 강해 주체할 수 없다면 그렇게 해도 된다. 다만 부모가 놀이 활동을 이끌어가서는 안 되고 오히려 규칙을 따라가는 사람이 되어야 한다. 마지막으로 아이와 함께 놀거나 대화를 할 때 자꾸 끼어들지 말고, 그 흐름에 집중하라. 예컨대 대화

중에 자꾸 다른 주제로 옮겨가거나, 함께 놀면서 2-3분 간격으로 활동을 바꾸는 모습을 보여서는 안 된다. 물론 아이는 그렇게 할 수 있다. 그것까지도 존중해야 한다. 아이의 생각이 자연스럽게 흘러가도록 방해하지 말아야 한다.

안정적이고 차분한 주의력을 가지게 해주세요

뇌의 긴장완화나 흥분에 주변 환경이 상당히 큰 영향을 미친다. 누구나 야외를 산책할 때 대도시 한복판에 있을 때보다 훨씬 더 편안하다고 느낀다. 아이가 편안하게 주의력을 개발할 수 있도록 긴장을 풀어주는 시공간을 만들어야 한다. 아이와 함께 이야기하거나 그림을 그리고 싶다면 좀 편안한 시간에 한다. 예컨대 동생이 잠을 자고 있거나, 요리를 시작하기 전에, 아니면 막 간식을 먹었을 때 하는 것이 좋다. 아이와 함께 주의를 요하는 뭔가를 하려 한다면, 예컨대 동화를 읽거나 비스킷을 만들려고 할 때 절대로 산만한 분위기를 허용해선 안 된다. 아이와 함께 먼저 작업할 책상을 정리하거나, 불필요한 물건들을 치우거나, 장난감을 보이지 않는 곳으로 치워놓고, 텔레비전도 꺼야 한다. 긴장을 풀어주는 잔잔한 음악은 틀어놓아도 괜찮다. 아이들은 클래식 음악이나 재즈를 좋아한다. 부드럽고 잔잔한 음악은 아이가 집중하는 데 도움이 된다.

아이와 함께 유아 명상훈련을 해볼 수도 있다. 명상은 순간적으로 완전히 주의를 집중하는 능력을 의미한다. 아이와 함께 들판에 누워 구름이 어떻게 흘러가는지 나뭇잎들이 어떻게 살랑거리는지를 지켜볼 수도 있다. 공원에 앉아 눈을 감고 주변에서 들려오는 소리를 들어보아도 좋다. 아이를 가슴에 안고 당신의 심장이 내는 고동소리나 숨소리를 들어보게 할 수도 있다. 개인적으로 나도 아이가 잠이 안 와 고생할 때, 간단한 명상연습을 했고 그것만으로도 긴장을 상당히 풀어줄 수 있었다. 아이에게 공기를 잡아보라고 했는데, 손으로는 잡을 수 없으니까 코로 천천히 잡아보라고 했다. 공기를 배에 가득 채운 다음 천천히 다시 내뱉는 것이다. 아이가 그 순간 스쳐 지나가는 그 무엇에든 집중할 수 있다면, 편안한 주의력을 가질 수 있게 된다. 집중하는 법과 어른이 되었을 때 긴장을 푸는 법을 익히게 된다.

끝까지 집중할 수 있도록 해주세요

집중이란, 하고 있는 일을 끝낼 때까지 주의력을 상당시간 유지하는 능력을 의미한다. 아이들은 금세 흥미를 잃는 경우가 많은데, 이것이 정상이다. 일을 마무리하는 것이 쉽지 않다. 이럴 때 아이가 산만해지는 것을 피할 수 있게 도와줘야 한다. 아이가 흐름을 놓치거나 흥미를 잃기 시작하면, 혹은 이미 잃었다면, 빨리 다시 하던 일로 주의를 돌려놓아야 한다. 음식을 만들건, 점토로 인형을 만들건 간에 시작한 일은 반드시 끝내도록 노력하는 것이

철칙이다. 물론 때때로 가능하지 않을 수도 있다. 피곤하거나 나이에 맞지 않아 아이가 끝내기엔 활동이 지나치게 늘어지는 경우가 있으므로. 산만해지기 시작하면 아이 곁에 앉아 계속 집중하도록 도와주어야 한다. 아이가 너무 지쳐 있다면, 어느 지점에서 끝낼 것인지 미리 정해놓아야 한다. 그리고 아이가 그 지점에 도달했을 때 칭찬해준다. 여기에서 중요한 점은 아이가 스스로 쏟아 부은 노력에 만족을 느끼는 것이다.

기억합시다

완전한 주의력은 마지막 순간까지 유지되는 것이어야 한다. 아이가 모니터와 접하지 않게 하는 것이야말로 주의력의 정상적인 발전을 담보하기 위한 첫 번째 전략이다. 계속 집중할 수 있도록 아이를 도와주는 것, 주제를 자주 건너뛰지 않는 대화 스타일, 육체적인 스포츠를 하는 것, 적당한 분위기를 조성하는 것이 아이의 주의력 개발에 기여할 수 있는 것들이다.

17
기억력

> 만일 역사가 이야기 형식으로 기술된다면 절대로
> 잊히지 않을 것이다.
>
> 러디어드 키플링

좋은 기억력을 보유한다는 것은 쉽게 배우고 잘 암기할 수 있다는 것을 의미한다. 좋은 기억력을 가진 아이가 당연히 빨리 배우고 세세한 점까지 잘 기억한다. 덕분에 대체적으로 배움의 과정을 더 즐긴다. 이들에겐 학습하는 것이 쉬우면서도 뭔가 자극을 줄 수 있는 과제이다. 배우는 능력과 기억력이 좋아지는 걸 원하지 않는 사람은 없다. 그러나 대부분의 부모들은 아이의 기억력 개발을 위해 어떤 도움을 주어야 하는지 별로 아는 것이 없다. 그리고 이에 대해 깊이 생각하지도 않는다. 어떻게 할지 몰랐고, 대개는 선천적인 요소이겠거니 했고, 학교에서 잘 가르쳐줄 것이라 믿었다. 불행히도 이러한 생각은 다 잘못된 것이다. 우리는 연구

── 영국의 소설가이자 시인. 인도의 봄베이에서 태어났으며, 《정글북》 작가로도
　　알려져 있다.

를 통해 아이의 기억력이 태어난 지 몇 년 안에 체계가 완전히 잡힌다는 것과 부모가 이런 구조화의 주역이라는 사실을 밝혀냈다. 확신하건대, 아이의 기억력 개발 문제와 관련해선 당신의 역할이 정말 결정적이다.

아이가 좋은 기억력을 갖도록 도와준다면, 아이가 잘 배우고 잘 외울 수 있을 뿐만 아니라 장차 우수한 학생이 되는 것까지 보장해준다. 나폴레옹 보나파르트는 '기억력이 떨어지는 머리는 주둔지가 없는 군대와 같다.'고 이야기했다. 많은 의미에서 정확한 지적이라고 할 수 있다. 사례를 살펴보자. 우리는 문제를 해결할 때 기억력이 아주 중요한 기능을 맡고 있다는 사실을 잘 알고 있다. 당신이 지금 이 책을 들고 있는 이유는 아마, 아이를 양육하는 새롭고 어려운 문제에 맞닥뜨렸는데, 과거 어느 때 어떤 책에서 본 전문가의 조언이 큰 힘이 된 적이 있었던 기억 때문일 것이다. 또 내일 아침 당장 이 책에서 읽었던 조언을 기억해내서 아이들 교육과 관련된 결정을 내릴 수도 있다. 이 두 가지 사례에서 모두 당신의 기억력은 문제를 좀 더 쉽고 깔끔하게 해결할 수 있게 도와주었다. 기억력은 아이가 꿈을 이루고 행복한 사람이 되는 데 매우 중요한 열쇠이다. 아이가 자신감을 갖는 데 큰 도움을 주기 때문이다.

다른 인지적 재능과 마찬가지로 기억력 또한 유전자의 영향을 받는다. 그렇지만 뇌의 유연성 때문에 교육으로 해결할 수 있는 부분도 있고 강화시킬 수도 있다. 10살 무렵, 나는 학교에서 지능검사를 한 적이 있다. 120명 넘는 같은 학년 아이들 가운데 기억력 분야에서 거의 꼴지에 가까운 점수를 받았다. 그런데 오늘날 나는 사람들의 기억을 되살리는 일을 돕고 있다. 내 수업을 듣고 있는 20명 이상의 학생들 이름을 기억할 수 있을 뿐만 아니라, 예전 대학 시절 공부했던 것을 대부분 기억하고 있다. 기억력은 적절한 전략만 사용한다면 강화시킬 수 있다. 학습력을 키우고 잘 외우게 하기 위해, 혹은 긍정적인 사고 스타일을 개발하기 위해 어떻게 하면 기억력을 강화시킬 수 있는지 살펴보자.

자기 일상을 이야기하게 하세요

아이들 기억력 발전의 상당 부분이 모자간의 대화에 달려있다. 엄마는 아이들과 대체로 지금 이 순간 일어나고 있는 일 외에도 조금 전에 일어난 사건이나 낮에 있었던 일, 그리고 지난 며칠 동안 있었던 일에 대해 폭넓게 이야기한다. 이를 위해 엄마는 이야기를 조금 가공한다. 이렇게 가공한 이야기는 아이의 주의를 끄는 힘이 있을 뿐만 아니라, 순서에 따라 이야기를 조직하는 능력을 배양하는 데에도 도움이 된다. 우리는 이를 '서사'라고 부른다. 지금부터 서사가 어떤 기능을 하는지 살펴보겠다.

　세실리아와 엄마는 길을 가다가 어떤 아주머니를 만났는데, 그분이 아이에게 캐러멜을 주었다. 집에 도착한 다음, 엄마는 친절한 아주머니가 세실리아에게 딸기 캐러멜을 주었다고, 세실리아가 정말 사랑을 많이 받는 아이라고 할머니에게 이야기했다. 두

달이 지난 후, 그 아주머니를 슈퍼마켓에서 다시 만나게 되었고, 엄마가 딸에게 물었다. "이 아주머니 기억나니?" 세실리아가 답하길 "예, 딸기 캐러멜을 주셨어요."라고 대답했다.

이야기를 짓고 말하는 것은 우리 인간에게 내재된 특징이다. 어떤 부족이나 부모들은 아이들에게 이야기를 해주고, 모든 문화에는 세대에서 세대로 전해지는 설화와 전설이 있다. 몇 년 전, 인간이 이야기를 만들어내는 것을 좋아하는 이유에 대한 흥미로운 연구결과가 있었다. 인간이 과거를 효과적으로 기억하고 미래를 상상하는 방편으로 이야기를 사용하고 있다는 것이다. 그러므로 부모들은 아이에게 자신의 삶을 이야기하고 상상의 이야기를 많이 들려주어야 한다. 이것이 아이들의 기억력을 체계화하고 구조화시키는 데 무척 도움이 되기 때문이다. 그러면 아이들 역시 자기 이야기를 기억하기 위해 자기만의 이야기를 공들여 다듬게 된다.

두 살이 채 안 되었을 때부터 아이는 주의를 끌었던 것을 잘 기억하기 위해 짧은 이야기를 만들기 시작한다. 만일 동물원에 갔으면 집에 도착하자마자 혹은 잠자리에 들기 전에, 아이는 엄마에게 '곰이 손을 들어 인사했어요.'라고 이야기한다. 아이가 만들어낸 이 짧은 이야기는 곰과 곰의 인사를 더 잘 기억하게 만들어준다. 어떤 부모나 함께 살아가며 경험하는 작은 사건들은, 예컨대 생일 파티, 할아버지 집에 갔던 일, 슈퍼마켓에 갔던 일을 함께 이야기로 만들어봄으로써 그 성향을 강화시켜 줄 수 있다. 아이는 보다 선명하고 조직화된 방법으로 기억하는 법을 배울 수 있다.

긍정적 짜깁기 대화법으로 기억력을 높여주세요

엄마들마다 수많은 이야기 스타일이 있다는 것을 우리는 알고 있다. 이야기를 엄청나게 꾸미는 엄마도 있고, 조리 있는 설명 스타일을 선호하는 엄마도 있고, 단순 명쾌한 스타일을 즐기는 엄마도 있다.

일레인 리스는 모자간의 대화 스타일을 20년 이상 연구해온 뉴질랜드 오타고 대학의 연구교수이다. 그녀는 유년기 대화의 특정 스타일이 청소년기와 성년이 되었을 때의 기억력과 학습능력에 엄청난 영향을 미친다는 사실을 밝혀냈다. 연구자들은 대화 스타일이 부모들 사이에 많은 차이가 있고, 이러한 차이가 선천적이라는 것을 발견했다. 좋은 영향을 끼쳤던 대화 스타일은 다음과 특징을 가지고 있었다.

1) 이야기를 잘 꾸민다,

2) 일어난 일을 시간 순으로 잘 정리한다,

3) 세세한 디테일 묘사를 잘한다,

4) 재미있거나 긍정적인 특정 순간에 관심을 집중시킨다.

그녀의 연구팀은 이런 대화 스타일을 '긍정적 짜깁기' 대화법이라고 규정했다. 이와 함께 어떤 부모라도 조금만 연습하면 자신만의 긍정적 짜깁기 스타일을 개발할 수 있다는 것도 밝혀냈다. 이런 대화스타일을 적용하면 아이들의 기억력 발전에 상당한 효과를 거둔다는 것이 중요하다. 긍정적 짜깁기 대화법, 기억력 향상에 매우 중요한 열쇠가 된다.

구조화

뛰어난 기억력의 비밀 중 하나는 순서이다. 두 개의 상자를 한 번 상상해보자. 하나는 당신 것이고, 다른 하나는 배우자의 것이다. 상자 하나에는 양말과 내의 그리고 액세서리들이 예를 들어 벨트, 팔찌, 시계가 아주 꼼꼼하게 정리되어 있다. 그런데 다른 상자에는 양말과 잘 개어지지 않은 내의가 액세서리와 제멋대로 뒤섞여 있다. 심하게 무질서하다. 만일 당신과 배우자가 양말 한 켤레를 누가 먼저 찾는지 시합을 한다고 하자. 누가 이길까? 우리 모두는 분명히 똑같은 의견을 낼 것이다. 잘 정리된 상자가 물건을 찾을 때 훨씬 더 빠르고 쉽다.

기억력도 마찬가지이다. 정리가 잘 되어 있으면 기억을 되살리기가 쉬운 법이다. 그렇지만 아이 혼자선 기억을 잘 정리하지 못한다. 많은 일들을 기억하고 있긴 하지만, 아이들의 기억은 파편화된 형태로 존재한다. 예를 들어 세 살 먹은 아이도 주말에 있었던 여러 가지 일들을 기억하곤 한다. 하지만 첫날 있었던 일과 그 다음날 있었던 일을 구별하는 것은 쉽지 않다. 주말에 일어났던 일들이 짝짝이가 되어 있거나, 기억을 쉽게 해줄 수 있는 논리적 시간적 순서 없이 엉망으로 머리에 쑤셔 넣어진 결과다.

우리가 아이와 과거에 대해 이야기할 때에는 잘 정리된 방법으로 접근하는 것이 필요하다. 일어났던 일과 이어진 일들을 잘 연결시킬 수 있도록 순서를 만드는 것이다. 이것이 습관이 되면 체계화 및 정리가 아이의 생각 스타일로 자리잡게 된다. 그러면 아이도 순서를 기억하게 되고 기억에 더 쉽고 빠르게 접근할 수 있게 된다. 이와 같은 간단한 기술만으로도 기억력을 좀 더 빠르고 효과적으로 만들 수 있다.

다음은 어느 날 오후 엄마와 함께 했던 행동들의 순서를 잘 기억하지 못하고 있다는 것을 알게 된 기예르모의 엄마가 아이를 위해 꾸민 스토리이다. 아이는 병원을 나서며 약을 샀다는 것은 잘 알고 있지만, 무슨 일이 어떤 순서로 일어났는지는 잘 기억하지 못했다. 기억들을 시간 순으로 잘 정리하면, 일어났던 일의 정확한 순서를 기억할 수 있을 뿐만 아니라 기억하지 못하던 나머지 부분까지도 다시 기억해낼 수 있다.

맨 먼저 우리는 병원에 갔어. 그리고 의사 선생님이 네 목을 진찰하셨지.

그런 다음 슈퍼마켓에 가서 아침에 먹을 우유를 샀단다.

마지막으로 우리는 약국에 가서 약을 샀어.

선명도

어떤 특정일에 있었던 일이나 방학, 그리고 방금 참석했던 생일 파티의 스토리를 꾸밀 때, 디테일에 주의를 기울이는 것이 중요하다. 아이의 기억은 일반적인 생각과 인상이 대부분이고, 세부적인 사항에 거의 주목하지 않는다. 아이의 기억은 엉성한 그물과 같다. 큰 물고기는 잡을 수 있지만, 중간 크기나 작은 물고기는 다 빠져나간다. 어쩌다 얻어걸리는 운 없는 작은 물고기도 가끔 있긴 하지만. 세밀한 점을 기억할 수 있게 해준다면 더 깨끗하고 선명한 기억 개발에 도움이 된다. 흔히 말하는 '사진 같은 기억'이다.

이야기를 선명하게 만드는 것은 간단하다. 아이가 주목하지 않았던 세세한 것들을 기억할 수 있게 도와주면 된다. 예를 들어 친구 생일날 먹었던 초콜릿 케이크와 감자튀김을 기억한다면 아이에게 이런 식으로 이야기를 유도할 수 있다.

"그래! 케이크와 감자튀김을 정말 맛있게 먹었지. 그리고 새우깡과 올리브도 먹었는데, 기억나니?"

혹은 친구 집에서 인형을 가지고 놀았던 이야기를 하면서 세세한 점을 떠올리게 도와줄 수 있다.

"소피아, 이 잠옷 색이 알레한드라가 좋아하던 인형 옷과 똑같네. 그렇지? 인형이 가지고 있던 액세서리 생각나니? 왕관과 목걸이를 했던가?"

엄마가 색깔, 형태, 물건, 아이가 했던 행동, 다른 아이가 했던 일을 세세히 떠올릴 때 기억에 선명함을 더해줄 수 있다.

추적

기억력을 돕는 또 하나 재미있는 전략으로는 아이가 기억 너머에 저장해 놓은 기억을 추적할 수 있도록 도와주는 것이다. 우리가 살아오면서 경험했던 많은 일들이 머릿속 어딘가에 여전히 저장되어 남아있다. 비록 그런 기억에 접근할 수는 없지만. 과거에 대해 함께 이야기를 나누는 것이 기억력 향상에 도움이 된다. 최근에 일어난 일을 아주 먼 옛날의 일과 연결시키는 것도 기억의 추적능력과 속도를 증가시킬 수 있다. 엘레나와 엄마 사이에 있

엄마: 오늘 우리가 먹은 아이스크림 정말 맛있었어. 그렇지? 엘레나: 맞아요! 초콜릿 아이스크림요. 엄마: 그래! 내 것은 딸기였고.	엄마: 얘, 지난주 공원에 갔을 때, 마리아의 엄마가 아이스크림을 사줬었는데, 무슨 맛이었는지 기억나니? 엘레나: 아! 생각나요, 코카콜라 맛이었어요.	엄마: 지난여름 아이스크림 정말 많이 먹었었는데…. 엘레나: 아닌데…. 엄마: 해변에서 사먹었잖아… 아주 마음씨 좋은 아저씨한테 말이야. 엘레나: 아! 맞다! 아빠가 아이스크림을 땅에 떨어뜨렸는데, 개가 달려와서 얼른 먹어 버렸어요.

었던 맛난 아이스크림에 대한 대화를 예로 들어보겠다.

활발한 추적으로 기억력 향상을 도와주는 가장 좋은 방법은 매일 밤 아이와 낮에 있었던 일이나, 다양한 일화에 대해 위 사례와 같이 대화를 나누는 것이다. 이를 통해 아이는 좀 더 쉽게 기억을 회수할 수 있는 방법을 익히게 된다.

긍정 기억에 저장하세요

친구들과 처음으로 휴가를 갔던 것을 기억하는가? 배우자와의 첫 여행은? 아들의 첫 생일도? 이런 순간에 대한 기억에는 공통점이 있다. 모두가 긍정적인 기억이라는 것이다. 인간의 두뇌는 긍정적인 것을 더 잘 기억하고, 나빴던 일에 대한 기억을 자연스럽게 버리는 성향을 가지고 있다. 기분 좋은 상태와 적절한 자기 통제를 유지하며 자신감을 가지고 살 수 있도록 도와주는 일종의

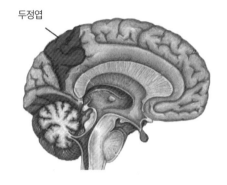

두정엽

두정엽
삶의 기억
- 성공의 기억
- 좌절의 기억

방어기제이다. 앞에서 본 아이스크림의 경우와 같이 아이와 경험했던 과거의 즐거웠던 일에 대해 대화를 나눈다면 당신은 긍정적인 기억법을 이용하는 것이다. 즐거웠던 일이나 재미있었던 일은 아이로 하여금 쉽게 기억에 접근할 수 있게 해준다. 긍정적 짜깁기 스타일로 대화를 나누는 엄마들은 기억 중에서도 재미있고 즐거웠던 점에 좀 더 많은 주의를 기울인다. 덕분에 아이가 기억력 개발을 용이하게 할 수 있다.

긍정적으로 기억하는 것은 아이의 자신감을 개선하는 데 중요한 열쇠가 되기도 한다. 삶에서 얻은 기억은 기억할 만한 것만 두정엽에, 다시 말해 대뇌피질 뒷부분에 저장이 된다. 아이가 훗날 어른이 되어 프로젝트를 기획하거나 결정을 내려야 할 때 뇌는 두정엽에서 결정을 뒷받침할 수 있는 기억을 찾아 나선다. 만일 두정엽에 긍정적인 기억이 있다면 아이는 여기에 보다 쉽게 접근할 수 있다. 어떤 도전을 계획할 때 훨씬 더 낙천적인 사람이 될 뿐만 아니라 더 큰 자신감으로 문제와 마주하게 되는 것이다.

부정적인 것도 기억하세요

살면서 유쾌하지 못한 상황이나 부당한 상황에 자주 맞닥뜨린다. 이러한 기억 역시 잘 담아낼 수 있도록 도와주는 것이 필요하다. 아이가 부정적인 기억에 대해 이야기를 꺼냈다면, 아이에게 그 일이 상당한 의미를 가지고 있다는 뜻이다. 좀 더 확실하게 이해하고 싶었을 수도 있다. 양쪽 뇌가 서로 대화하는 것의 중요성에서 보았던 것처럼, 당신이 함께 대화를 나누며 감성적인 경험을 통합할 수 있도록 도와주는 것이 좋다.

아이에게 이들 기억이 필요한 또 다른 이유는 뇌가 그 일을 잘 기억하는 것이 중요하다고 판단했기 때문이다. 학교에서 어떤 아이가 때렸거나 장난감을 빼앗아갔다고 가정해보자. 뇌는 이러한 정보를 단순한 일로 치부하지 않고 상당한 중요성을 부여하기 때문에, 어떤 아이가 때렸는지를 꼭 기억하고 싶어 한다. 미래를 예견하고 미래 문제를 해결하는 데 도움이 되고자 하는 것이다. 실수를 기억하고 위험을 기억하는 것은 지능이 보내는 신호다. 이처럼 부정적 기억은 실수를 반복하지 않고 시행착오를 줄이려는 뇌의 전략인 셈이다.

기억합시다

기억력이 좋은 아이는 학습할 때, 그리고 기억해야 할 때 즐길 줄 안다. 문제를 훨씬 더 효과적으로 해결하고, 바람직한 결정을 내릴 수 있다. 지난 일을 잘 정리하여 이야기하는 습관을 들이면, 아이가 좀 더 효과적으로 기억력을 개발할 수 있게 된다. 아이가 기억하지 못하는 세세한 점을 떠올릴 수 있게, 그리고 혼자서는 되살리기 어려운 먼 기억 속에 숨어있는 경험이나 일화를 떠올리는 것까지도 함께 해본다. 하루를 마감하기 전에 의미 있는 경험들을 다시 한 번 생각해보게 하는 것, 긍정적인 것을 더 잘 기억하는 자연스러운 성향을 이용하는 것을 잊으면 안 된다. 일부 부정적인 기억도 뇌의 입장에서 나름의 필요가 있다는 점도 놓치지 말자.

18
언어력

아이가 똑똑해지길 원한다면 동화를 읽어주세요.
더 똑똑해지길 원한다면 더 많은 동화를 읽어주면
됩니다.

알베르트 아인슈타인

스펀지가 물을 빨아들이듯, 아이의 뇌는 단어를 이용하여 생각
이나 개념을 이해하고 표현하는 능력을 습득한다. 아이는 세상에
나온 후 처음 몇 달 동안 서로 다른 소리를 구별해내는 학습에 집
중한다. 어디에서 한 단어가 끝나고 어디에서 다음 단어가 시작
되는지 알아내려 한다. 말소리에서 사물, 상황, 감정들을 각각의
단어와 연결시키려 노력한다. 우리가 알지 못하는 사이에 아이의
뇌는 일생에서 가장 중요한 과제를 은밀히 수행하는 것이다. 거
의 일 년이 지날 때까지 아이의 뇌는 겨우 소리와 개념을 연결하
는 정도지만, 어른의 눈에 아이는 신기한 마법과도 같다.

아이가 '엄마'라는 말을 듣고 엄마를 바라보는 이 신비의 순간
부터 아이의 뇌는 자기도 소리를 만들어낼 수 있다는 것을 인식

한다. 엄마가 단어를 발음하는 것을 지켜보면서 아이의 뇌는 똑같은 소리를 만들기 위해 입으로 옹알이를 하면서 상상하는 것이다. 엄마나 아빠라는 단어를 발음하기 위해서는 입술을 얼마나 강하게 오므려야 하는지, 얼마나 열어야 하는지를 조절하기 시작한다. 이때부터 아이의 뇌에는 의미 있는 소리와 소음, 단어와 의미들이 터질 듯이 밀려들기 시작한다. 16세가 되면 아이는 6만 단어 이상을 알게 된다. 이는 거의 매일 10개 이상의 단어를 학습한 속도이다. 우리는 아이가 2-3년 사이에 매일 50여개의 단어를 학습한다는 놀라운 사실을 이미 알고 있다. 어떻게 이렇게 짧은 시간에 그렇게 많은 단어를 배울 수 있는지 이해하기 어렵다. 아이의 뇌는 이런저런 대화와 문맥에서 들려오는 수많은 단어들을 스펀지가 물을 빨아들이듯 머리에 집어넣는 것이다.

수천 년 전부터 헤아릴 수 없이 많은 세대를 거치며 언어를 통해 지식이 전달되어 왔다. 의사나 건축사가 아무리 똑똑하다고 해도, 선대로부터 어떻게 수술을 하고 어떻게 건축을 할지 정보를 얻지 못했다면 지금의 일을 할 수 없었을 것이다. 언어야말로 인간의 잠재력을 꽃피우게 해준 가장 중요한 열쇠라는 데 모든 과학자들이 동의한다. 마찬가지로 아이들의 지능을 발달시키는 데 언어는 엄청나게 중요한 역할을 한다. 언어 덕분에 지식을 얻을 수도 있고 전할 수도 있다. 평생 학습하고, 관계를 맺고, 원하는 것을 얻는 데 사용하는 가장 중요한 도구이다. 언어는 꿈을 이룰 수 있게 해주는 도구일 뿐 아니라, 지능발달을 위해서도 가장 중요한 재능이다. 간단히 말해, 단어를 풍성하게 습득하는 것은 지능지수에 가장 큰 영향을 미치는 변수가 된다.

어떤 의미에서 언어는 아주 자연스럽게 습득한다고 볼 수 있지만, 두뇌의 관점에서 본다면 정말 복잡한 과제인 것 또한 명백하다. 단어를 발음하거나 문장을 해석할 때 최소한 뇌의 여섯 부위가 함께 협력한다. 좌반구에 위치한 이러한 구조는 소리를 분석하고 구별하여, 의미를 해석하고, 단어를 저장하고, 단어를 인식하고, 단어 저장고에서 단어를 찾고, 의미를 가진 문장을 만들고, 단어를 소리로 만들 수 있도록 입술과 혀, 그리고 발성 관련 힘줄을 움직이게 하는 등 정말 다양한 과제를 실현한다.

아이의 뇌가 단어와 단어들의 규칙을 자연스럽게 흡수한다고는 하지만, 사실 이것은 어른들의 도움 정도에 따라 하늘과 땅 차이가 난다. 언어가 매우 복잡한 구조와 기능을 지닌 만큼 그것을 개발하는 문제는 부모의 영향력이 엄청나게 클 수밖에 없다. 매

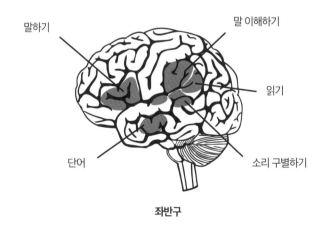

좌반구

일 이루어지는 대화가 단어를 풍성하게 하고, 이해력을 증진시키고, 문장과 서사구조를 조직하는 힘을 강화시킨다. 이 대목에서 모두가 아는 비밀 하나, 독서가 아이의 언어능력을 획기적으로 증진시킨다는 사실. 지금부터 아이를 도와 언어 능력을 더 풍성하게 개발할 수 있는 전략을 이야기해보자.

아이에게 말을 많이 해주세요

아이와 대화를 하는 것은 언어를 익힐 기회를 제공하는 것이다. 전문가들이 한 목소리를 내는 것이 있다. 뇌가 부드러운 어린 시절에는 새로운 단어에 많이 노출될수록 어휘가 늘게 된다는 것. 하지만 모든 부모들이 말을 많이 하지는 않는다. 켄자스 대학의 베티 하트, 토드 리슬리 두 사람이 연구한 게 있다. 어떤 부모는 아이와 시간당 300단어 정도를 말하는데, 다른 부모는 3,000단어 이상 주고받는다. 이 자료는 너무나 명백했다. 이 차이가 아이의 어휘 습득에 어떤 차이를 가져올지도 명확하다.

　과거에는 남성보다 여성이 아이들과 더 많은 대화를 나누었다. 이것은 원시시대부터 주어진 역할의 차이에 기인한다. 남자들은 무리지어 사냥을 나가기 때문에 동물들 몰래 다가가기 위해 말없이 앞을 살피며 숲을 헤치고 나아갔지만, 여인들은 마을에 모여 아이들을 돌보며 활발하게 이야기를 나누었던 것이다. 아직도 이러한 모습이 바뀌지 않았다는 것은 공원에만 나가봐도 알 수 있다. 내가 찾았던 거의 모든 공원에 똑같은 규칙이 적용되고 있었다. 아이를 보살피는 사람으로 서너 명의 어머니들에 한 명 정도의 아버지가 섞여 있었다. 여성에겐 대화 전문가로서의 성격이 기나긴 역사를 통해 진화의 결과로서 뇌에 장착되었다. 언어를 관장하는 뇌 부위에 신경세포가 남성보다 2억 개 이상 많다. 바로 이것이 남성과 여성 뇌의 가장 큰 차이이다. 가족 중에 여자들이 아이들과 어떻게 대화하는지만 봐도 알 수 있는 일이다.

태어나는 순간부터 아이와 조용하게, 그렇지만 물 흐르듯이 이야기를 나눌 수 있다. 아무 말도 없는 아기에게 어떤 말을 건네야 할지 아빠들은 잘 모른다. 그렇지만 아빠가 할 수 있는 이야깃거리도 정말 많다. 방에 보이는 것들을 묘사해줄 수도 있고, 맛있는 음식에 대해서, 또 직장에서 한 일이 무엇인지, 축구경기에서 무슨 일이 벌어졌는지 말할 수도 있다. 아니면 그날 어떤 기분이었는지를 이야기할 수도 있다.

감정 관련 단어를 풍성하게 말할 수 있다면 아이의 감정지능 발달을 크게 도울 수 있다. 말을 할 때 아이가 당신을 바라볼 수 있게 얼굴을 마주하자. 말하기 능력의 발달은 상당 부분 입술과 혀의 모양을 모방하는 것에서 시작된다. 한 살 정도의 아기와 이야기할 때 두 눈을 잘 살펴보자. 아마 당신 입술을 뚫어지게 바라보고 있을 것이다. 이는 주의를 끄는 여러 가지 소리를 어떤 식으로 만들어내는지 배우려는 본능에서 나온 것이다.

아이의 우주를 넓혀주세요

대화의 주제를 주변에 있는 것으로 한정해서는 안 된다. 많은 부모들이 생후 처음 몇 달 동안 아이가 사는 우주의 범위를 집 안과 공원, 슈퍼마켓으로 한정해버린다. 아이는 언어 능력을 풍성하게 해줄 색다른 환경과 다양한 사람들을 만나고 싶어 한다. 가정이라는 안전한 상황에서 마주칠 수 있는 것과는 다른 다양한 사물과 상황에 노출되어야 한다. 그래야 시각지능과 함께 언어지능도 확장된다. 카펫을 사기 위해 철물점에 가거나 돈 문제를 해결하러 은행에 갈 때도 아이를 데리고 간다. 현실 세계를 두루 눈에 익히고 접하는 것이다. 그러면 아이는 다양한 사람들의 목소리와 억양, 발음의 비밀을 해독하는 과정을 비밀스레 수행한다. 다른 사람들의 소리를 모방하여, 자신의 혀가 만들어내는 소리를 다듬을 수 있다.

아이가 살아가는 사회적 범주를 넓혀주는 것은 중요하다. 메시지 이해 능력을 개선해줄 뿐 아니라 어휘까지 풍성하게 해준다. 간단한 예를 들어보자. 아이가 사는 집은 대도시 아파트지만, 외갓집은 마당이 넓은 시골이다. 이 차이로 인해 아이는 마당과 마루, 화단, 각종 꽃 이름 같은 새로운 단어에 노출될 수 있다. 외갓집이 자동차를 타고 가야 하는 거리라면, 아이는 여행 경험과 함께 다양한 바깥 풍경 관련한 어휘를 접할 수 있다. 말하자면 아이에게 모든 다른 사람과의 접촉은 어휘를 풍성하게 하는 원천이다. 이런 접촉을 통해 아이는 언어라는 우주의 또 다른 신세계로 들어가는 것이다.

아이의 우주를 넓힐 수 있는 또 다른 방법은 노래와 독서이다. 이 둘은 아이에게 새로운 어휘를 노출시킬 가장 효과적인 방법이다. 책 읽어주기를 통해 아주 어렸을 적부터 반복적으로 새 단어를 들려줄 수 있다. 노래를 아이와 함께 불러보는 것도 좋다. 동요를 집이나 차 안에서 반복적으로 듣는다. 아이는 얼른 가사를 따라 외울 것이고, 재미있게 즐기면서 어휘를 확장해나갈 것이다.

지시 게임을 해보세요

이것은 가끔 우리 아이들과 즐기는 게임인데, 셋 다 좋아한다. 연령대에 따라 난이도를 바꿔가면서 즐길 수 있다. 지시에 따르기 위해서는 뇌의 복잡한 메커니즘을 거쳐야 하기 때문에 생각보다 어렵다. 가령, 이케아 가구를 매뉴얼대로 조립할 때 따라야 하는 프로세스와 같다. 먼저 설명서의 각 부분을 정확하게 이해해야 한다. 이를 위해서는 구석구석 기억을 더듬어 다양한 의미를 되살려야 한다. 예를 들어, 책장 상판이 될 판자 뒷면에 네 개의 나사를 박을 것을 지시하고 있다면, 당신의 뇌는 이 지시에 따라 복잡한 프로세스를 실행에 옮길 것이다. 첫째, 네 개의 스쿤겐 skungen 나사를 찾아, 픽사 나사나 바이스 나사와 구별해놓아야 한다. 종류별로 네 개씩 들어있는지 확인하고, 각각 분리해서 놓아둔 다음 어디에 놨는지 확실하게 기억한다. 다음으로는 상판을 찾아 도면의 지시에 따라 앞뒷면을 구별해야 한다. 그런 다음 스쿤겐 나사를 널판지에 짜 맞춘다. 꽤 복잡한 과정이다.

한 살짜리 아이에겐 자기 기저귀를 쓰레기통에 넣는 일이 이것만큼이나 복잡하고 어려운 일일 수 있다. 피자 토핑을 하는 게 다섯 살짜리에게는 어른들의 이케아 책장 조립만큼 어려울 수 있다. 제일 먼저 토마토를 넣고 그 다음에 치즈를, 그리고 마지막으로 나머지 재료들을 잘게 잘라 얹어야 한다는 것을 이해하는 것이 간단하지 않다.

결과적으로 설명서가 시키는 대로 따라하는 것은, 단어와 문장 해독 능력, 이해력, 작업수행 능력이 요구되는 복잡하면서도 자극적인 게임인 셈이다. 아이와 함께 식탁을 차릴 때, 학교에 가기 위해 책가방을 쌀 때, 혹은 장난감을 정리할 때, 지시를 따른다는 것이 아이에게 얼마나 큰 부담을 야기하는지 알면 깜짝 놀랄 것이다. '장난감 자동차를 큰 상자에 담아두렴.'과 같이 간단한 말 몇 마디가 두 살짜리 아이에겐 엄청난 노력을 요하는 것일 수 있다. '우유를 컵에 따라 놓은 다음, 수저 두 개를 식탁에 놓고, 두 번째 서랍에 있는 냅킨을 두 장 찾아서 가져다 놓으렴.'과 같이 복잡한 것은 다섯 살짜리 꼬마에겐 어마어마한 도전이다.

일상의 과제뿐 아니라, 아이에게 재미있는 지시를 하며 게임을 할 수도 있다. 예를 들어 '한 번 폴짝 뛰고, 손뼉을 한 번 치고, 한 바퀴 구르기로 마무리 하자. 자, 준비됐니?'와 같은 복잡한 지시를 하면서 놀 수 있다. 아이의 능력치에 맞게 길이와 난이도를 조절하면서. 아이가 지시사항을 이해할 때까지 필요한 만큼 반복해서 지시할 수도 있다. 아이가 지시를 이해하지 못하거나 메시지를 기억하지 못하면, 주의를 집중할 수 있도록 도와준다. 아이가 빠른 속도로 나아지는 것을 볼 수 있을 것이다. 이렇게 하면 아이의 주의력, 집중력을 개선할 수 있을 뿐 아니라, 언어를 이용하여 정신적 작업을 하는 데도 도움이 된다. 가사 일에서의 책임감과 협동심을 키우는 데도 환상적이다.

문장을 확장시켜주세요

언어가 어휘만의 문제는 아니다. 단어를 조합하여 의미를 만들어내도록 해주는 문법은 습득하기 쉽지 않다. 문법이 흥미로운 것은 똑같은 단어를 조합을 달리하여 전혀 다른 의미를 만들어낸다는 점이다. 예를 들어,

'어린 발렌티나는 화가 나서 새우깡을 원치 않는다.'

'발렌티나는 새우깡을 원치 않았기 때문에 화가 났다.'

두 문장은 전혀 다른 의미를 가지고 있다. 첫 번째 문장은 화가 난 것이 원인이지만, 두 번째 문장은 결과이다. 화가 나서 새우깡을 원치 않는 경우, 10살 먹은 언니인 애나는 발렌티나를 안아주고 달래려 할 것이다. 반대로 발렌티나가 새우깡을 원치 않았기 때문에 화를 내는 경우라면, 문제의 새우깡 대신 감자칩을 줄 것이다. 네다섯 살만 되어도 이 정도는 이해할 수 있지만, 발렌티나의 언니 애나가 이해한 것과 같은 결론에 도달하기 위해선 어느

정도 언어 규칙을 습득해야 가능하다.

두 살 정도만 되어도 형용사나 동사를 더해 좀 더 확장된 문장을 말하도록 도와줄 수 있다. 예를 들어, 아이가 비둘기 뒤를 따라다니는 개를 가리키며 '강아지!'라고 이야기했다면, 엄마는 동사, 형용사 혹은 부사를 포함한 좀 더 확장된 반응을 보여준다. '맞아! 정말 장난꾸러기 강아지구나.'

다음 사례처럼 내용을 더하거나 좀 더 문장을 복잡하게 맞장구 쳐주면, 아이는 문장력을 좀 더 확장시킬 수 있다.

가브리엘라: 다람쥐를 보았어요.

엄마: 그래!!! 솔방울을 따려고 나무에 오르는 밤색 다람쥐를 봤어. 그렇지?

마르틴: 아빠 차가 고장했어요.

아빠: 그래 맞아! 아빠 차가 고장 나서 정비소에 가져가야 해.

보다시피 아빠는 아이의 잘못을 지적한 것이 아니라, 똑같은 메시지를 다시 건네주는 방법을 이용하였다. 문장을 약간 고쳐주는 방법을 택했다. 반복적인 잘못이 아니라면 잘못했다고 콕 집어서 지적하지 말고, 그냥 잘못된 문장을 고쳐주는 것이 아이의 언어 내면화를 도와주는 좋은 방법이다. 나아가 아이가 언어 사용에서 불안감을 느끼지 않게 하는 방법이기도 하다. 이 부분은 언어학습 전문가들이 보증하는 것이다.

책읽기를 사랑하게 해주세요

세상을 살아가는 데 가장 중요하고 근본적인 무기는 언어다. 그리고 언어를 마스터할 가장 강력한 방법은 바로 독서. 독서를 좋아하게 만드는 것은 씨를 뿌리는 것이며, 이는 반드시 부모 무릎 위에서 자라난다. 서너 살짜리 아이에게 읽는 법을 가르치는 많은 선행학습 프로그램이 있다. 하지만 이렇게 이른 나이에 책 읽는 법을 가르치는 것이 아이에게 유용하다고 말하는 연구는 거의 없다. 다만 독서를 즐기는, 즉 책읽기를 좋아하는 아이가 좀 더 풍성한 어휘력을 보유하고 있으며, 문장도 확실히 이해하고, 작문도 잘하고, 맞춤법 틀리는 일도 적다는 사실만은 확실하다. PISA의 최근 자료에 따르면, 200권 이상 책을 보유한 집의 아이들이, 책이 거의 없는 집의 아이들보다 25% 성적이 더 높다고 한다. 너무나 당연한 결과이다.

　독서를 하는 시간은 부모와 아이 모두에게 신비의 순간이다. 아빠나 엄마 무릎에 앉아, 혹은 침대에 누워 매일 읽어주는 동화를 들으며 자란 아이들은 더 많은 단어를 알게 될 뿐만 아니라, 덕분에 단어들을 더 빨리 알아볼 수 있으며 독서습관을 기를 수 있다.

　독서하는 시간을 좀 더 특별한 시간으로 만들 수도 있다. 아이들 스스로 읽고 싶은 동화를 고르게 한다. 그리고 주인공들을 평가하게 한다. 아이가 열정적으로 책에 빠지게 된다. 피곤할 때 책을 읽어주려면 노력이 필요하다. 많은 경우 쏟아지는 잠에 밀릴 수도 있다. 하지만 노력할 만한 가치가 충분하다는 것. 동화를 읽어주는 짧은 시간이 아이와의 관계 향상, 기억력과 어휘력, 독서 친화 등 온갖 좋은 기회를 제공하기 때문이다. 아이를 몸 위에 올려놓거나 안고 있을 때, 잘 자라는 저녁 인사로 해주는 뽀뽀는 옥시토신의 분비를 촉진한다. 앞쪽에서 살펴보았듯이 옥시토신은 사랑의 호르몬이다. 다른 사람과 하나가 되는 포근한 느낌을 준다. 동화 읽기는 부모에게 추억의 세계 속으로 빠져들게 하고, 아이에겐 긍정적으로 생각하는 습관을 만들어준다. 매일 밤, 잠자기 전에 하루를 되돌아보며 아이의 기억에 세세한 점을 더해보자. 낮에 있었던 두세 가지 멋진 사건이나 재미있었던 일에 주목한다. 당신과 아이의 인생이 달라진다.

기억합시다

언어는 복합적인 기능을 가졌다. 아이들이 학교와 일상에서 성공적으로 살아가는 데 가장 중요한 도구이다. 아이에게 이야기해주고, 어휘와 문장을 확장시켜 주는 노력이 필요하다. 아이의 잘못을 직접 지적하지 말고 '넛지'식으로 그냥 살짝만 고쳐준다. 매일 잠시라도 책을 읽어주고, 아이로 하여금 도구로서의 언어를 정복할 수 있게 해준다. 책에 대한 사랑을 키워주는 걸 잊지 말자. 독서는 학문적 성공이나 지능개발을 도와줄 가장 확실한 길이다. 재미있는 동화, 유별난 동화를 찾아 아이와 함께 동화 읽는 시간을 즐겨보라는 조언과 함께 이번 장을 마친다.

19
시각지능

잘못된 생각의 90%는 인지오류에 기인한다.

에드워드 드 보노

공간 지각은 주변 사물들의 형태와 공간을 인지하고 해석하기 위한 능력이다. 아이가 그림을 그려달라고 말한다면, 예를 들어 공룡 그림을 원한다면 바로 그때부터 꽃피기 시작하는 지능이 그것이다. 학창시절 데생 수업을 떠올리며, 이런 종류의 재능은 건축가나 엔지니어들이 도면을 그리거나 사물을 묘사할 때 필요한 것이란 생각을 할 수 있겠다. 맞다, 그런 재능이다. 대부분의 부모는 이러한 공간 지각이나 형태 지각에 별다른 관심을 두지 않는다. 엔지니어가 되지 않는다면 실생활에서 쓸모가 크지 않을 것으로 간주하기 때문이다. 하지만 다음 이야기를 이해한다면, 그런 실수

___
창의적 사고와 사고기법 교육 분야의 독보적 권위자. 영국 케임브리지 대학교에서 철학박사 학위를 받은 다음 옥스퍼드, 케임브리지, 하버드 대학에서 교수로 재직했다.

는 하지 않을 것이다.

3차원 공간에 위치한 사물을 지각, 해석, 건축하는 능력은 아이의 지능 발달에서 가장 중요한 여섯 가지 열쇠 중 하나다. 사실 우리는 많은 곳에서 이 능력을 사용한다. 직접적으로는 학교에서 하는 조소나 소묘, 데생 작업이 공간적인 관계를 상상하는 능력에 기초하고 있다. 누구나 아이가 글씨를 똑바르고 정갈하게 쓰길 바랄 것이다. 한 걸음 더 나아가, 학교에서 수학문제로 답답해하지 않길 바랄 것이다. 예를 들어 어떤 방향으로 글을 쓸 것인지, 문제를 풀면서 숫자를 어떻게 배치할 것인지, 혹은 간단한 덧셈과 같이 상대적으로 쉬운 과제조차도 정신적으로 공간 지배력이 없다면 불가능한 일이다.

여러 공부 분야에 실제적으로 응용되는 차원을 넘어서, 이미지를 통해 생각하는 능력은 논리와는 다른 차원의 새로운 사고 방법을 개발할 수 있게 해준다. 어휘를 이용하여 생각을 할 때 마음은 문법이 지배하는 논리적 언어만을 추구하게 된다. 하지만 이미지를 활용하여 생각을 할 때는 좀 더 직관적이 될 수 있다. 이것은 우리가 사람을 보자마자 깊숙이 꿰뚫어볼 수 있게 해주는 지능이다. 문제를 어떻게 해결해야 할지 알려주는 지능이다. 축구에서 공을 어디로 패스해야 동료 선수가 골로 연결시키기 좋은지를 알려주는 지능이기도 하다.

공간 지각이 아이의 지능 발달에 상당히 중요한 이유는 또 있다. 바로 사회적 지능과 연결되기 때문이다. 아이가 성공하여 사회에서 지위를 얻기 위한 능력과 밀접하게 관련된다. 우리는 어떤 사람과 대화할 때, 그 사람이 하는 말의 신뢰도를 평가하기 위해 무의식적으로 몸동작, 찡그림, 얼굴표정, 침묵을 관찰하거나 혹은 그 말에 숨겨진 의미가 있는지 하나하나 따져보게 된다. 육안으로 직접 볼 수 없는 부분은 뇌가 추정을 통해 해석도 한다. 어떤 사람의 옆모습을 보고 있다면 반대편 얼굴은 보이지 않지만 우리 뇌는 그 부분을 추측하게 된다. 마찬가지로 자동차의 앞부분이나 한쪽 면만을 보고도 순간적으로 완전한 자동차의 모습으로 해석해낸다.

얼굴 표정을 해석하기 위해서는 뇌가 추가적인 노력을 해야 한다. 입이나 눈 같은 얼굴의 다른 특성에 주의를 집중하고, 여기에서 얻은 정보를 이용하여 그 사람의 감정이나 의도를 종합적으로 해석하는 것이다. 각각의 레고 블록이 모여 집이 만들어지듯이, 이런 식으로 뇌의 우반구는 독립적인 각 부분을 하나로 조립하여

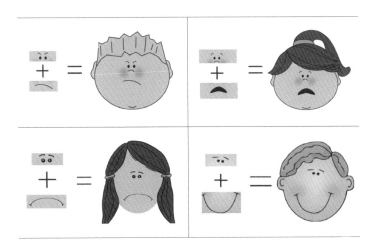

하나의 의미를 부여하는 일을 맡고 있다. 아이들은 이렇게 해서 아빠와 삼촌을 구별할 수 있다. 한 사람은 수염이 있는데 한 사람은 없기 때문이다.

그리고 엄마가 화가 났을 때와 농담할 때, 심각할 때를 구별할 수도 있다. 화났을 때는 엄마 입술이 농담할 때보다 조금 덜 다물어져 있다. 위 삽화에서, 아이들의 뇌가 타인의 얼굴 표정을 해석할 때 거치는 프로세스를 살펴볼 수 있다.

취학 전 아동을 대상으로 진행한 다양한 연구는, 몇 가지 기술과 방법을 통해 사물간의 공간관계 이해력을 증진시킬 수 있다는 것을 보여주고 있다. 예컨대 얼굴 표정을 더 잘 해석하거나 깨끗하게 정돈된 글씨를 쓸 수 있게 된다. 지금부터 추천할 만한 방법을 살펴보자.

건축 놀이를 해보세요

건축 놀이는 아이에게 공간 속에 위치한 사물의 형태를 지각하거나 건축하는 능력을 키워주는 중요한 도구이다. 퍼즐이나 레고 그리고 고전적인 건축블록 놀이는 어떤 아이든지 즐거워할 것이다. 물론 이 방법 외에도 사물의 형태와 공간을 더 잘 이해하고 추론할 수 있도록 도와주는 재미있는 놀이나 전략이 많이 있다.

시각 언어에 친근감을 느끼게 해주세요

매일 일상에서 거칠게 밀고 들어오는 다양한 사물들의 형태를 표현하는 단어를 많이 사용하자. 뇌에게 주는 언어의 엄청난 영향력을 고려할 때, 이렇게 하는 것만으로도 아이에게 도움이 될 수 있다. 크기(크다, 작다, 높다, 낮다, 뚱뚱한, 마른, 두꺼운, 얇은), 형태(휘어진, 똑바른, 뾰족한, 둥근, 원형의, 사각형의, 타원형의), 상태(가득 찬, 텅 빈, 일그러진)를 의미하는 형용사를 사용할 수도 있고, 공간 속의 사물들이 차지하고 있는 위상과 관계를 가리키는 전치사를 사용할 수도 있다. '장난감을 여기에 놓을게.'라고 말하는 대신에 '장난감을 식탁 위에 놓을게.'처럼 좀 더 공간을 구체화시키는 단어를 사용할 수 있다. '인형을 넣어 놨다.'라는 말 대신에 '인형을 장롱 속 외투 옆에 넣어 놨다.'라는 식이다.

왼쪽, 오른쪽을 구별해주세요

뇌는 언제나 우리 몸을 기준으로 방향을 잡는다. 누가 당신에게 '북쪽'을 생각해 보라고 한다면, 아마 당신은 정면이나 머리 위쪽을 바라볼 것이다. 북쪽이 실제로 어디인지 안다면 아마 당신은 북쪽을 향해 몸을 돌릴 것이다. 자기 몸과 관련하여 방향을 좀 더 확실하게 하려면, 아이에게 오른쪽과 왼쪽을 구별할 수 있게 가르쳐야 한다. '이쪽으로 가자!'는 말 대신 '오른쪽 도로로 가자!'

고 말해야 한다. 수저는 오른쪽에 놓는다고 이야기할 수도 있다. 왼손을 들어보라고 시킬 수도 있고, 알파벳 B가 어떤 방향을 바라보는지 말해보라고 할 수도 있다.

공간적 사고를 끌어 오세요

사물간의 관계를 이해할 수 있게 하기 위해 아이가 공간에 대해 추론할 기회를 만든다. 아이에게 옷을 사 입히는 것만으로는 부족하다. 쇼핑할 때 직접 데려가서 '왼쪽 바지를 입어볼까?' '슈퍼마켓과 학교 중 어디가 더 멀어?' '저 수박이 이 바구니에 들어갈까?' '바나나와 사과 네 개 중에서 뭐가 공간을 더 많이 차지할까?' 등의 질문을 던져본다.

지도 만들기 놀이를 해보세요

서너 살짜리 꼬마와 지도 그리기를 하거나 지도 찾기 놀이를 한다고 하면, 상당히 많은 사람들은 아마 미쳤다고 할 것이다. 그러나 사실 아이들은 이 놀이를 정말 좋아하고 재미있어 한다. 물론 시작부터 대도시 지하철 지도를 할 수는 없다. 아이가 쉽게 재미를 느낄 수 있게 하려면 자기 집의 도면을 그리는 것에서 시작하는 것이 좋다. 배치도를 그려본다. 먼저 방 모양을 그린 다음, 당신과 아이가 앉아 있는 소파나 의자를 그려 넣으라. 여기에서 그림의 어떤 쪽이 문이고 어디가 창문인지, 그리고 책장과 텔레비전은 어디에 위치하는지 말하게 하면 된다. 이처럼 간단한 방법으로도 도면을 완벽하게 해석하는 법을 학습할 수 있다.

다음 날엔 부엌이나 아이의 침실에서 그림지도를 그릴 수 있고, 조금 더 나아가 집 전체를 그려볼 수도 있다. 학교까지 가는 길도 그려볼 수 있다. 만일 대중교통을 이용한다면 노선도를 그리게 할 수 있다. 이를 통해 아이는, 도면의 의미가 매일 눈으로 직접 보는 것들을 표현한 것이라는 사실을 자연스럽게 받아들인다. 아이와 세계지도를 가지고 놀 수도 있다. 나라 이름을 알아보거나, 그 나라에 아이가 좋아하는 어떤 캐릭터들이 있는지도 이야기할 수 있다. 런던의 피터 팬, 파리의 라따뚜이, 아라비아의 알라딘, 미국의 포카혼타스처럼. 지구상에 장소와 연결시켜 볼 수 있는 사람, 동물, 나무와 자연환경은 엄청나게 많다.

앱과 비디오 게임

아마도 뉴스에서 비디오 게임이 아이들의 시각지능 향상에 환상적이라는 이야기를 들은 적이 있을 것이다. 이런 애플리케이션에선 신경세포를 많이 사용하게끔 하는 다양한 형태의 퍼즐과 수수께끼를 볼 수 있다. 그러나 나는 이러한 게임과 시각지능 향상을 연결시키는 '과학적' 사설은 단 하나도 생각나지 않는다. 유아와 아동들의 앱 사용과 관련해서 긍정적인 증거는 전혀 없다. 반면에 부정적인 증거들은 너무나 많다. 비디오 게임은 아이뿐만 아니라 아버지들에게도 엄청난 유혹으로 작용한다. 여섯 살 미만의 아이가 활용하기 좋은 프로그램을 선택하는 것은 정말 어렵다. 뒤쪽 22장에서 0~6세 아이들에게 유익한 비디오 게임, 휴대폰과 태블릿 애플리케이션에 대해 좀 더 정확히 밝히겠다. 필요하다면 사용해야 할 테니까.

표정짓기 놀이를 해보세요

아이들은 익살스러운 표정을 짓는 것, 특히 사람을 웃기기 위해서 재미있는 표정을 짓는 것을 좋아한다. 감정표현을 잡아내고 해석하는 것은 사회적 지능을 발달시키는 데 도움이 된다. 저녁을 먹을 때나 이를 닦을 때, 아이와 재미있는 표정을 지으며 놀 수 있다. 아이가 두 살만 되어도 만족스러운 표정, 슬픈 표정, 화난 표정, 놀란 표정들을 지을 수 있다. 그리고 좀 더 복잡한, 예를 들어 뭔가 주저하는 표정, 따분한 표정, 짜증이 난 표정 등 감정표정의 가지 수를 늘려갈 수 있다. 모든 연령대의 아이들이 가장 좋아하는 얼굴 표정 두 가지를 꼽는다면 그건 괴물 표정과 미친 사람 표정이다.

기억합시다

인간에게 지각은 문과 같다. 그것을 통해 세상을 받아들이고 해석한다. 시각적, 공간적 추론능력은 아이들에게 그림을 잘 그리게 하거나 글씨를 잘 쓰게 하고, 수학문제를 잘 풀게 해준다. 타인의 표정을 잘 해석하는 능력을 갖게 하고, 좀 더 창의적인 사고 스타일을 개발할 수 있게 한다. 아이들이 공간 관계를 이해하고 완전히 체득할 수 있도록 함께 놀아준다. 아이가 살아가는 동안 큰 힘이 될 것이다.

20
자제력

> 자기 자신을 정복할 수 있다면 세상을 정복할 수 있다.
> 파울로 코엘료

1960년대 스탠포드 대학 심리학자 월터 미셸은 4~6세 아이들의 자제력을 확인하기 위해 간단한 실험을 고안하였다. 실험은 정말 간단했다. 아이들을 책상 앞에 앉게 했는데, 그 책상엔 맛있는 마시멜로가 하나씩 놓여 있었다. 연구자는 아이들에게 명료하게 지시를 했다. '만약 원한다면 마시멜로를 먹어도 된다. 그러나 먹지 않고 15분을 기다린 사람에게는 두 개를 줄 것이다. 그러면 하나가 아닌 두 개의 마시멜로를 먹을 수 있다.'라고 말이다.

아주 간단해 보이는 이 과제가, 연구자가 방을 벗어나기가 무섭게 아이들에게는 정말 쉽지 않은 과제라는 것이 명백해졌다. 아

―― 브라질의 소설가. 인간의 내면을 탐구하고 삶의 본질적 측면을 다루는 소설을 써서 전 세계적 사랑을 받았다. 대표작으로 〈연금술사〉〈베로니카, 죽기로 결심하다〉가 있다.

이들이 예민해졌다는 징조가 곧 바로 나오기 시작했다. 머리를 쥐어뜯는 아이, 발을 위아래로 동동거리는 아이, 왼쪽 오른쪽으로 시계추처럼 몸을 흔드는 아이, 흔들의자에 앉은 것처럼 몸을 앞뒤로 흔드는 아이가 속출했다. 어떤 아이는 은근히 마시멜로를 곁눈질하기도 했고, 뚫어지게 바라보는 아이도 있었다. 거의 모든 아이들이 좀 더 충동적이고 감정적인 우뇌가 통제하는 손인 왼손으로 수차례 과자를 건드렸다. 반면에 이성적인 좌뇌가 통제하는 오른손으로 눈을 가리는 아이도 있었다. 대략 1/3 정도가 자제력이라는 위대한 노력 덕분에 도전과제를 이겨냈다. 2/3의 아이들은 있는 힘을 다해 버텼지만 두 번째 마시멜로를 얻게 해줄 15분의 유혹을 이겨내지 못했다.

이 실험은 뇌의 자기통제가 얼마나 어려운지를 보여준다. 자제력을 얻기 위해서는 전두엽이 완전한 통제권을 행사해야 한다. 뇌의 감정적, 본능적 부위를 지배해야 하고, 좌절과 배고픔에 맞서 싸워야 한다. 이런 통제력을 위해서 전두엽은 엄청난 양의 글루코오스를 소비해야 한다. 전두엽이 맛있는 과자를 먹고 싶다는 생각으로부터 벗어나기 위해 노력하는 시간이 길어지면 길어질수록 필요로 하는 당분도 더 많아지기 때문에, 당연히 당분을 더 강하게 욕구하게 만들었고 결국 엄청난 투쟁의 장이 되어버렸다. 다이어트나 금연을 시도해본 적이 있다면 지금 이 말의 의미를 알 것이다. 사실 과제가 크든 작든, 뇌 입장에서 자제력을 실행하는 것은 쉽지 않다. 평생 훈련해야 할 가장 높은 수준의 재능인 것이다.

이 연구에서 밝혀진 가장 흥미로운 사실은 실험이 끝난 한참 뒤에 나타난 결과였다. 연구팀은 실험 후 15년이 지난 다음에 아이 아버지들을 소환하였다. 아이들은 커서 이제 19살에서 21살 사이였는데, 이들의 학교생활과 사회생활에 대한 다양한 정보를 취합했다. 연구자들을 놀라게 한 것은 아이들이 마시멜로를 먹지 않고 참아낸 시간의 길이가 대학입학시험 점수, 그리고 학교성적과 아주 높은 상관관계를 맺고 있다는 사실이었다. 유치원을 다닐 때 자제력을 보여준 아이들은 평균 이상의 학교성적을 얻었다. 뿐만 아니라, 과자의 유혹을 참아냈던 아이들이 어른이 되어 갈수록 책임감도 더 있고 교우관계도 좋았다. 이 연구는 다양한 형태로 반복되었다. 그런데 한결같이 같은 결론에 도달했다. 자제력이 큰 아이가 언제나 학교성적도 좋았고 사회 통합력도 더 좋았던 것이다.

실행지능

자제력은 '실행지능' 안에 통합될 수 있는 지적능력 중의 하나이다. 말하자면 실행지능은 모든 재능의 총합인 셈이다. 목표를 결정하고, 계획을 수립하고, 이 계획을 끝까지 밀고 나가고, 결과를 평가하는 능력의 총합인 것이다. 어떤 의미에서 실행지능은 뇌 안에서 다양한 악기들의 나아갈 방향을 지시하는 오케스트라 지휘자와 같다. 뇌의 앞 부위는 규범을 내면화하고 자기통제를 실행에 옮기는 기능을 하는 곳이다. 설정된 규범에 맞춰 문제를 해결하는 것과 지성 뇌가 필요할 때 감정 뇌를 통제하는 역할을 맡고 있다. 이런 기능은 인간의 뇌가 실행하는 것 중에서 가장 복잡한 것이다. 자기통제를 증진하고, 책임 있는 행동을 하고, 스스로의 판단으로 학습하고, 그리고 행동 전반에 대해 지휘봉을 휘두르는 이 능력은 아주 어렸을 적부터 기초가 닦이긴 하지만 주로 사춘기 시절과 성년기에 단련되는 것으로 알려져 있다.

위 실험에서 나타난 바와 같이 실행지능을 개발하기 시작한 아이는 자기를 통제할 능력이 점점 생겨난다. 엄마가 준 용돈을 첫 번째 가게에서 함부로 써버리지 않을 능력이 있어 더 갖고 싶은 딱지 가게까지 참고 갈 수 있다. 여러 차례 좌절을 극복하는 능력은 아이가 일정 시점까지 적절히 자제력을 발휘할 힘을 준다. 감정 뇌와 지성 뇌를 연결할 수 있는 능력도 아이가 성공적으로 욕구를 충족시킬 수 있도록 도와준다.

자기통제라는 이 중요한 능력은 행동장애를 예방하는 데, 또 주의력결핍이라는 두려운 장애를 예방하고 치료하는 데 가장 중요한 열쇠이기도 하다. 이 두 가지 문제의 뿌리는 모두 약한 자기통제력이다. 분노와 좌절 그리고 집중하는 것을 참지 못해서 일어나는 것이다. 그렇다면 어떻게 우리는 아이가 자제력을 가지도록 도울 수 있을까? 마시멜로를 한 봉지 사서 매일 15분씩 연습하기? 그러나 이것은 지나치게 달콤하기만 할 뿐 효과는 크지 않다. 여기서 자제력을 키워 나갈 몇 가지 방법을 제안한다.

좌절 극복하기

아이가 아주 어렸을 적부터 쓸 수 있는 첫 번째 방법은 조금씩 좌절을 극복할 수 있도록 연습시키는 것이다. 그리고 이러한 능력을 얻기 위해서는 좌절 앞에 어느 정도 노출시키는 것 외에는 방법이 없다. 그렇게 절박하지 않은 욕구부터 한 번 진정시켜보라. 아이를 믿어야 한다. 아기도 약간의 불편함은 참을 수 있다. 아기가 기저귀를 갈아주길 원할 때, 젖을 먹고 싶을 때, 당신은 득달같이 달려가 즉시 욕구를 채워준다. 잠시도 아기가 불안해하지 않도록 하려고 노력한다. 그러나 이런 식의 대응은 아기에게 '불편함은 곧 고통'이라는 것을 가르치는 꼴이 된다. 아기가 예민해져 있을 때 스스로 가라앉힐 수 있도록 도와주어야 한다. 그러면 언젠가 도움 없이도 스스로 진정하는 법을 배우게 된다. 보호받고 있다는 느낌이 들게 아이를 안아주거나, 차분하게 말을 걸어도 되고, 나지막한 목소리로 노래를 불러도 된다. 차분하고도 믿음직한 태도를 보이면서, 기다리면 곧 올 거라는 사실을 인지시켜야 한다. 아기가 불편하다는 강박관념에서 벗어나 다른 것에 집중하도록 유도한다. 그리고 불안이나 미안한 마음이 아닌 믿음과 공감의 마음으로 아이 곁을 지키려고 노력한다.

아이가 나이를 먹어감에 따라 지켜야 하는 규범과 한계를 명확하게 설정한다. 집에서 지켜야 할 규칙, 식탁에서 지켜야 할 예절, 텔레비전의 제한은 아이의 뇌가 언제나 모든 것을 다 가질 수는 없다는 엄연한 사실을 이해하게 해줄 것이다. 그리고 실패하거나 좌절했을 때 스스로 마음을 다스리는 법을 배우게 해줄 것이다. 한계를 정할 때는 차분하고 부드러운 모습을 보이는 것이 중요하다. 아이의 뇌를 돌보는 것 이상으로, 강요는 좋지 못하다는 사실을 이해해야 한다. 그리고 아이에게 규범으로부터 자유로운, 아니면 규범을 최소화한 시간을 제공한다. 아이의 넘치는 에너지와 욕구불만을 조절하는 데 도움이 될 육체적인 활동이 보장되는 자유시간을 상황에 맞게 제공하자.

바톤을 놓치지 않게 하기

옷을 입는다거나 장난감을 정리하는 등 아주 간단해 보이는 과제도 아이들에게는 상당히 복잡한 일일 수 있다. 대부분의 과제들은 연이어 실행해야 하는 여러 개의 작은 단계들로 이루어져 있기 때문이다. 아이가 자기 일에서 바톤을 놓치지 않게 해야 한다. 바톤을 꽉 쥐어줄 몇 가지 방법이 있다. 먼저, 아이가 이해할 수 있는 정확한 지시가 필요하다. 한 단계 한 단계 차례로 시킨다. 해야 할 일을 큰 소리로 말하게 한다. 아주 복잡한 과제는 잘게 쪼개 작은 단계로 나누어준다.

　이런 방법을 통해, 아이가 논리적으로 모든 단계를 생각한다면 조금 벅찬 상황도 스스로 통제할 수 있다고 느낀다. 예를 들어 보겠다. 내일은 알바로의 엄마 생일이다. 알바로는 맛있는 비스킷을 준비하기로 마음먹었다. 요구르트, 설탕, 계란이 재료로 쓰인다는 것과 이 모든 재료를 잘 섞기 위해선 커다란 그릇이 필요하다는 것도 알고 있다. 하지만 어디서부터 시작해야 할지는 모른다. 다행히 아빠가 단계를 나누어주어서 어려운 문제를 해결할 수 있었다.

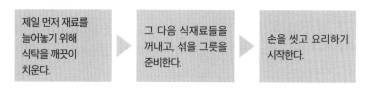

간단한 설명 덕분에 알바로는 어디부터 시작해야 할지 알게 되었다. 그리고 요리의 바톤을 끝까지 놓치지 않을 수 있었다. 아이에게 잘 정리된 방법으로 과제를 수행할 수 있도록 가르친다면, 조금은 덜 당황하여 자기를 통제할 수 있게 된다. 뿐만 아니라 복잡한 문제를 해결하는 능력을 향상시키게 된다. 복잡한 과제를 잘 풀어내는 재능을 갖춘 사람의 특징은 모든 것을 잘 구조화하여, 어려운 과제를 단계별로 나눌 줄 안다는 것이다. 조각 퍼즐을 세 단계로 단순화시켜 아이가 해결하게 해본다면 이 전략의 효율성을 직접 확인할 수 있을 것이다.

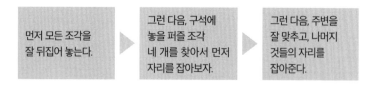

과제, 퍼즐, 생일파티 준비는 각각 다른 성격이지만 전략은 언제나 똑같이 작동한다. 일을 할 광활한 대지를 가지고 있다, 어디서부터 시작해야 할지 결정한다, 그리고 어떤 방법으로 해나갈지 결정한다. 이렇게 하면 아이가 자신의 목표를 구체화하는 데 필요한 통제력을 가지게 된다.

미래 사고 길러주기

인간의 진화를 가능하게 한 가장 결정적인 것 중의 하나는 미래를 내다보는 능력이다. 먼 조상들은 흔적을 찾는 방법을 배워 사냥하고 싶은 동물이 어디에 있는지 마음에 그려볼 수 있었다. 오늘날 우리는 기후와 정치의 흐름을 예측하기도 하고, 운명을 통제할 목적으로 질병의 발생을 예측하기도 한다. 실생활에서도 내일을 위하여 저축을 하거나 일을 미리 대비할 줄 아는 능력을 가진 사람은 엄청난 혜택이 주어진다. 아이들이 두 개의 마시멜로를 얻는 것과 같다.

아이에게 미래를 생각하도록 가르친다. 미래는 그 자체로 우리가 겪는 매일 매일의 한 부분이라는 걸 이해시킨다. 해야 할 일을 말로 표현하거나 내일에 대해 아이와 이야기하는 정도면 충분하다. 훌리아의 엄마는 이런 말을 해준다. '이따가 잠자러 갈 때, 자면서 빨 수 있게 베개 위에 공갈젖꼭지를 놔둘게.' '침대에 오줌 싸지 않도록 자기 전에 반드시 쉬를 하자.' 마리오의 아빠는 내일

유치원에서 쓸 색연필과 간식을 잘 챙겼는지 아이와 함께 살펴보는 것으로 미래 사고를 도와주고 있다. 아이가 이런 저런 식으로 행동했을 때 그 결과를 직접 보여준다면 어떤 행동의 결과를 예측하는 연습이 된다.

자제력을 자제하기

자제력의 아름다움과 중요성은 언제 스스로를 통제해야 하는지를 아는 데 있다. 간혹 지나친 자제력이 연인과 열정의 밤을 보내는 데, 또는 연봉 인상을 축하해야 할 순간에 심각한 장애가 될 수 있다. 전두엽은 자기통제뿐 아니라 언제, 얼마만큼 이것을 적용해야 하는지 결정하는 일도 맡고 있다. 축제나 생일파티에서 마음껏 즐길 줄 모르는 사람에게 규칙은 별 의미가 없다. 균형의 원리를 잘 기억해야 한다. 자제력이 학문적으로나 사회적으로 성공 가능성을 높여주는 인지적 재능인 건 확실하지만, 이것의 가장 큰 덕목은 언제 통제를 해야 할지 아는 데 있다.

매 순간 지켜야 하는 규범이 무엇인가 설명해주고, 아이를 다양한 사람들과 맥락, 상황에 자주 노출시키는 것이 중요하다. 자연스레 자제력의 수준을 체득하게 하는 것이다. 고삐를 죄어야 할 때 거꾸로 풀어주는 것은 자제력을 잃게 만든다. 아이가 소심하고 안절부절 못하고 있다면, 누구나 조금은 어리석은 짓이나 나쁜 짓을 저지르기도 한다고 용기를 북돋아줄 수 있다. 원하는 만큼 캐러멜을 집을 수도 있고, 자유롭게 화를 낼 수도 있다고 부추길 수 있는 것이다. 적절한 상황에선 화를 내거나 충분히 즐기는 모습을 보여주자, 뇌 속 거울신경세포를 도와 부모의 행동을 모방할 수 있도록. 개인적으로 우리 아이들은 내가 '미치자!!'란 말을 내뱉으면, 즉각 '노는 모드'로 들어간다. 아빠가 통제에서 벗어나 완전히 즐기기 위해 규칙을 풀어버릴 것을 알기 때문이다.

기억합시다

자제력은 실패와 좌절을 지배할 줄 아는 것, 만족을 뒤로 미룰 줄 아는 것, 목표를 달성하기 위해 행동에 질서를 부여할 줄 아는 능력이다. 아이가 실패를 참아낼 줄 알게, 인내심을 개발할 줄 알게, 문제를 어떻게 해결할지 알게, 미리 계획을 세울 줄 알게 하는 것은 자제력을 키우는 데 도움이 된다. 거꾸로 자제력은 이들에게 기여한다. 서로 주고받으며 더욱 강화된다. 한계를 명확하게 설정하는 것도 자제력을 키우는 좋은 전략이다. 그리고 가끔씩은 규범으로부터 벗어나 자유롭게 즐길 수 있는 순간을 만들어주는 것도 중요하다.

21
창의력

모든 아이는 예술가로 태어난다.
그러나 어른이 되어서도 여전히 예술가이기는 어렵다.
파블로 피카소

신경과학자들이 열렬하게 믿는 인간 정신의 진정한 보물은 적응력과 문제해결 능력이다. 이 두 재능은 어느 정도는 창의력에 달려 있다. 상상력과 독특한 창조력은 아이들의 고유자산이라고 말할 수 있다. 그러나 아이들의 창의력은 팬더나 산악고릴라의 생존 문제와도 유사하다. 우리가 보호해주지 않으면 시간이 지남에 따라 결국은 멸종을 향해 나아갈 수밖에 없다. 이는 철학적인 사색이나 감상적인 판단이 아니다. 수많은 연구가 여타의 인지기능들과 달리 창의력은 유년기에 절정을 맞는다는 것을 밝히고 있다. 아이가 성장함에 따라 점점 사라지는 것이다. 바로 이런 이유 때문에 여기서는 아이들의 창의력 강화법이 아니라, 평생 창의력을 유지하는 방법을 설명하려 한다.

최근 신경심리학자들은 '확산적 사고divergent thinking' 현상에 대한 연구에 대단한 흥미를 보이고 있다. 확산적 사고라는 좀 엉뚱한 단어는 한마디로 '찾는 능력'을 의미한다. 사람들에게 벽돌을 주고, 이것을 어디에 사용할 수 있을지 다 말해보라고 시켰다. 대부분의 어른들은 15가지 정도를 말할 수 있다. 창의력이 높은 사람, 예를 들어 쥘 베른, 코코 샤넬, 스티븐 스필버그 같은 사람들은 200여 가지를 이야기했다.

확산적 사고가 물론 창의력과 동의어는 아니다. 하지만 창의적일 필요가 있을 때 가장 중요한 지적능력임에는 틀림없다. 뿐만 아니라 창의력은 우리가 흔히 생각하는 것보다 훨씬 더 큰 중요성이 있다. 모든 사람들이 일상생활에서, 일터에서, 사회적인 그리고 정서적인 관계를 맺을 때, 훌륭한 창의력이 필요하다. 창의력은 오늘날 '새로운 문제를 해결할 수 있는 능력'이라고 정의하는 것처럼 지능의 기초 위에 있다. 그런데, 현실에서 새로운 문제를 해결하는 상황을 놓고 보면, 어떤 사람은 창의력도 없고 지능도 부족한데 근면성실함만으로 아주 효과적으로 작업을 수행할 수도 있다. 오히려 많은 부모, 교사, 기업들은 창의력보다 성실 측면에 더 많은 인센티브를 부여하는 경향이 있다. 이러한 교육방식 탓에 아이들의 기회가 사라지고 있다. 아인슈타인은 '논리학은 당신을 A에서 B까지 데려가지만, 상상력은 당신을 무한대까지 데려갈 수 있다.'고 이야기했다.

새로운 교육 시스템을 지지하는 켄 로빈슨은 왜 이런 현상이 일어나는지를 밝히는 이론을 제시했다. 현재 교육 시스템은 산업혁명기에 고안된 것으로, 공장에서 자동차를 조립하는 것과 유사한 방식으로 아이들을 교육시키기 위해 설계된 것이라고 주장했다. 여러 명의 스승들이 각기 다른 나사를 조이는 방식으로 아이들의 머리에 압력을 가한다. 그것을 통해 성적을 끌어올리고 효율적인 과제수행을 지도한다. 이 교육방식에서 주된 관심사는 생산적이고 규범을 잘 지키지만 반드시 창의적일 필요는 없는 성인을 대량 양성하는 데 있다.

이에 대한 좋은 증거로 다음의 연구를 들 수 있다. 부모들이 무엇을 해야 할지 시사하는 바가 크다. 이 연구는 아이들이 어른들에 비해 어느 정도의 확산적 사고력을 가지고 있는지 비교 평가한 것이다. 문제 상황에 대해 얼마나 창의적인 해결책을 보이는지도 포함되었다. 바퀴나 클립 같은 사물을 보여준 다음, 그 물건의 다양한 쓰임새를 모두 말해달라고 했다. 가능한 많은 아이디어를 달라고 했다. 예상했던 대로 어른들은 딱 그만큼 적절한 답을 내놓았다. 하지만 아이들은 달랐다. 양적인 면과 독창성 면에서 어른들을 압도했다. 더 놀라운 것은 유치원생의 최종 성적이 어른보다 50배나 높았다는 것이다.

황당했다. 어른이라고 해서 다섯 살짜리 꼬마보다 50배 빠르게 달릴 수는 없다. 50배나 빨리 단어를 외울 수도 없고, 동물 이름을 50배 많이 댈 수도 없고, 50배나 많은 어휘력이 있는 것도 아니다. 두세 배 정도는 그럴 수 있다지만, 아이들은 무려 50배나 더 상상력이 뛰어나다. 놀라운 결과이다.

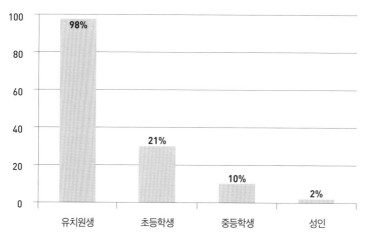

출처: 조지 랜드(George Land), 베스 자만(Beth Jarman) 〈중단점과 그 너머〉

98점 맞던 아이를 2점으로 떨어지게 하려면 부모와 교육자의 엄청난 능력이 필요하다. 선천적인 재능을 어떻게 하면 감쪽같이 사라지게 할 수 있을까? 비밀은 여기에 있다. 사라진 것이 아니라 묻힌 것이다!

나는 우리 모두가 놀랄 만한 창의력을 여전히 가지고 있다고 믿는다. 창의력 강연에서도 밝힌 적이 있다. 우리의 넘치는 상상력을 깨우려면, 그냥 잠을 자면 된다. 잠든 뇌와 깨어있는 뇌의 차이점은 한계와 규범, 비판에 대한 두려움의 존재 여부다. 아이의 뇌는 어른보다 훨씬 창의적인데, 그 이유는 아직 사회적 규범이라는 자기검열의 필터가 설치되지 않았기 때문이다. 아이들은 '안 돼.'와 '금지'라는 가위를 쓰지 않는다. 북극에 사는 용을 그릴 수도 있고, 고양이를 우주비행사로, 동생을 멧돼지로 그릴 수도 있다. 아이의 상상력은 콤플렉스나 일체의 부담으로부터 벗어나 자유롭게 날아다닌다. 그러나 우리는 성인이 되어감에 따라, 전두엽은 창의적 자발성을 꺼버리거나 묻어버릴 수 있는 규범과 한계, 규칙과 틀, 사상, 원형, 전형, 모델 들을 머리에 집어넣는다.

창의력 감소의 원인은 또 있다. 부모와 교육자, 초중등 학교, 그리고 교육 시스템 또한 상당한 책임이 있다. 아이들은 유년기를 보내며 창의성은 불편하고 고통스러운 것, 이라는 경험을 한다. 부모와 교사의 끝도 없는 교정과 최적화, 비판, 반대, 비난, 질책, 뒤에서 수군대는 소리, 손가락질, 놀림, 낙인을 참으며 지내야 한다. 아이에게 '잘했다.'고 하는 것은 착한 행동을 모범적으로 했다는, 즉 규범에서 벗어나지 않은, 기대를 저버리지 않는 행동을 했다는 말이다. 시나리오에서 벗어난 파격적인 이야기를 한 아이에게 '정말 놀랍구나!' '아주 멋진 생각이네!'라고 왜 못할까? 말 한마디로 상상력에 날개를 달아줄 수 있는데 말이다.

학생의 창의력을 바라보는 교사의 태도에 대한 흥미로운 연구가 있다. 학생의 창의력을 어떻게 생각하는지 물었다. 모두들 창의력이 아주 중요하다고 대답하였다. 그런데 질문을 바꿔, 학생이 가져야 할 다양한 덕목(복종, 지능, 규율, 질서, 주의력, 동료의식 등등)을 중요도로 순서를 매겨달라고 요청하자, 거의 대부분이 창의력을 맨 마지막에 놓았다. 아마 부모들 역시 다른 재능들을 창의력 앞에 놓았을 것이다. 나는 가정과 학교에서 규범을 대폭 완화하여, 아이들에게 창의력이 표현될 공간을 마련해주어야 한다고 믿는다.

우리 집 이야기이다. 오늘 아침 다섯 살짜리 아들이 기관지천식 때문에 의사가 처방해준 흡입기를 분해해버렸다. 부엌에 갔을 때, 다시 말해 출근 직전 아이를 유치원에 데려다주려고 하던 바로 그 시간에, 나는 여섯 조각이 난 흡입기가 식탁 위에 놓여 있는 것을 보고 놀랐다. 순간적으로 화가 치밀었지만, 재빨리 머리에 한 가지를 떠올렸다. '네가 왜 이 일에 끼어드니?' 예전에 부모님이 나에게 자주 하던 말씀이다. 호흡을 가다듬고 잠깐 더 생각한 뒤, 아이에게 이렇게 말했다. "뭘 연구하던 중이었니?" 아이는 아주 만족스러운 표정으로 "맞아요!"라고 대답했다. 그래서 "물건이 어떻게 작동하는지 알고 싶었구나. 분해하는 것은 지능이 높다는 신호야. 이게 바로 그 증거지. 지금은 바쁘니까, 여기 놔두자. 그리고 오늘 오후에 함께 조립해보자."라고 이야기했다. 이렇게 생각을 돌린 덕분에 좌절하고 화가 난 채로 집을 나서지 않고 한바탕 웃을 수 있었다. 제시간에 출근할 수도 있었다.

창의력을 죽이는 말. 피해야 할 이야기	창의력을 지켜주는 말. 이런 식으로 이야기해보세요
• 이런 식으로 하면 안 돼!	• 정말 재미있네!
• 이건 안 좋아!	• 정말 좋은 생각이야.
• 너 실수한 거야.	• 나한테도 가르쳐줄래?
• 다시 잘해봐!	• 최고다!
• 내가 가르쳐줄게.	• 정말 매력적인데!
• 너는 반대로 했어.	• 네가 혼자 이걸 했다니 정말 기쁘다.
• 잘못 했어.	• 어떻게 너 혼자서 이런 생각을 했지? 정말 멋지구나.

누구나 알겠지만, 창의력을 죽이는 말도 있고 유지시켜 주는 말도 있다. 아이에게 창의적 잠재력을 유지할 수 있게 도와주는 행동과 전략도 있다. 전문가들이 가장 중요하다고 생각하는 점을 몇 가지 보자.

창의력을 표현할 도구를 주세요

창의적인 사람들은 표현 도구에 둘러싸여 있다. 그것은 영화 찍는 카메라일 수도 있고, 붓이나 타자기이기도 하다. 아이들 역시 자기만의 표현 도구가 필요하다. 아이에게 창의 공간을 제공하고, 종이, 색연필, 점토, 레고 같은 놀이도구를 주자. 하고 싶은 것을 마음껏 하게 하자. 아이가 변신 상자에 접근할 수 있게 한다. 언제 변장하고 싶을지, 언제 이야기를 만들거나 주인공을 꾸며내고 싶을지 알 수 없다. 표현을 위해 마음껏 도구를 사용할 때 창의력이 발휘된다.

자유를 주세요

놀이를 선택할 때, 읽거나 그리고 싶은 것, 쓰고 싶은 것의 주제를 정할 때, 자유가 선행되어야 한다. 아이가 식인 좀비보다 달리는 말을 그리는 것이 왜 좋은지 당신만의 세련된 의견이 있을 것이다. 그러나 창의적인 영감의 서핑을 하는 가장 좋은 방법은 진심으로 좋아하는 것을 하는 것이다. 세계 교육자상을 받았던 낸시 애트웰의 방법도 그랬다. 이 선생님은 학생들이 1년에 40권 이상의 책을 읽게 하는 데 성공했는데, 언제나 자기가 읽고 싶은 책을 선택하도록 했다. 성공은 무조건 불관여의 결과라는 것이다. 또한 다른 학교 학생들보다 더 많이 쓰고 더 잘 쓸 수 있었는데, 이것 역시 비결은 아이들이 선택한 주제를 상관하지 않고 알아서 쓰게 놔둔 덕분이었다. 아이가 학습 욕구, 표현 욕구를 강화할 수 있게 자유를 허용하는 문제는 상당 부분 믿음에서 비롯된다. 아이에게 어느 정도 자유를 허용하고 꿈과 학습에 대한 열망을 연결시켜 주는 교육방식이 가장 좋다.

따분함을 느낄 시간을 주세요

무료함은 창의력의 어머니다. 위대한 창의 천재들은 무료한 순간에 생각을 시작했다. 아이는 할 일이 없거나 바쁘지 않을 때, 그리고 뇌가 무료함을 느끼기 시작할 때 즐길 수 있는 새로운 방법을 상상을 통해 모색하기 시작한다. 텔레비전에 푹 빠져 있거나 보충수업에 얽매여 무료함을 느끼지 못하고 지낸다면 창의력을 표현할 기회 부족으로 질식한다. 모든 것을 다 갖춰 무료한 시간이 없는 아이는 창의적인 사람으로 성장하기 어렵다.

창의적인 활동을 보여주세요

부모는 모델이라는 사실을 기억하라. 그러므로 매일 창의성을 활용해야 한다. 부엌에서도 똑같은 요리를 하지 말고, 혁신과 창조를 위해 노력하라. 아이들이 학교 숙제하는 것을 도와줄 때도 창의적인 사람이 되어야 하고, 함께 놀아줄 때도 상상력을 최대로 발휘해야 한다. 타인이 쓴 동화만 읽어주지 말고 당신 스스로 이야기나 동화를 지어볼 수도 있다. 가정 내에서 발생하는 문제, 예를 들어 우유가 다 떨어졌을 때나 샌드위치 빵이 떨어졌을 때, 혹은 간식으로 무엇을 먹을지의 문제를 해결해야 할 때, 아이에게 창의적인 해결책을 내보라고 요구할 수 있다. 아이들은 데굴데굴 구르고 웃으면서 기발한 해결책을 제시한다. 분명한 사실은 아이들이 정말 기발한 생각을 해낸다는 것. 덕분에 즐거운 한때를 보낼 수 있다. 뿐만 아니라 아이가 성장했을 때, 생활에서 나타나는 여러 가지 문제의 기발한 해결책을 스스로 찾을 힘을 준다.

결과가 아니라, 과정을 강조하세요

미술 숙제를 도와주는 경우가 있다. 부모는 숙제를 잘하게 하려고 무진 애를 쓴다. 아이가 창의력을 유지할 수 있게 도와주려면 잘 그리거나, 대답을 잘 하거나, 문제를 정확하게 해결하는 것이 아니다. 상상력을 활용하는 것이다. 아이가 평생 살아가는 동안

이 재능은 다른 모든 것을 합한 만큼이나 중요하다. 아이가 그림을 그릴 때, 뭘 만들 때, 놀이를 고안할 때 아이를 세심하게 관찰한다. 아이에게 물어보자, 이걸 하면서 즐거웠는지, 재미있는 아이디어를 얻었는지, 실제로 자기 생각을 표현했는지. 만일 긍정적인 대답을 한다면 아이의 상상력은 강화되고 있는 것이다.

제발, 간섭하지 마세요

양육 과정에서 정말로 개입보다는 개입하지 않는 것이 좋은 분야가 있다면 바로 창의력이다. 창의적인 과정은 아이가 자신만의 세계에서 자유롭게 활동하는 것이 요구된다. 전문가들은 부모의 개입을 줄이면 줄일수록 더 낫다는 데 의견일치를 보였다. 그리고 지나치게 강화하려 들지도 말아야 한다. 아이의 '예술 작품'이나 아이들의 '기지' '꾀'를 '잘했다' 혹은 '못했다'로 평가하는 것도 피해야 한다. 가장 중요한 것은 과정이지 결과가 아니라는 점을 명심하자.

예를 한 번 보자. 두 엄마가 완전히 다른 스타일로 창의성을 대하고 있다. 다니엘의 엄마는 온 힘을 다해 그리는 것에 관여하면서 멋진 그림을 완성하려 한다. 사라 엄마는 딸이 그리는 것을 말없이 지켜본 다음, 다 그리면 함께 그림에 대해 이야기한다.

창의성에 간섭하는 경우	창의적 과정을 존중하는 경우
엄마: 다니엘, 자 보자. 네가 그린 것을 설명해줄래? 다니엘: 좋아요. 엄마: 이게 뭐니? 달팽이니? 다니엘: 맞아요! 엄마: 잘 그렸구나. 하지만 더듬이가 빠졌는데? 다니엘: 지금 그릴 거예요. 엄마: 달팽이는 더듬이도 있고, 눈도 있어. 합치면 네 개지. 다니엘: 알았어요. 엄마: 그리고 뒤쪽엔 꼬리도 있단다. 본 적 있니? 내가 도와줄까? 다니엘: 그래요. 엄마: 참, 상추 잎도 하나 그릴래? 달팽이들은 상추를 정말 좋아하거든. 다니엘: 어떻게 그려야 하는데요? 엄마: 녹색으로 그리면 돼! 내가 그려줄게. 다니엘: …… 엄마: 우리 정말 잘 그렸는데! 다니엘: 나 놀러갈게요. 그림 그리고 싶지 않아요.	사라: 엄마, 여기 좀 봐요! 내가 그림을 그렸어요. 엄마: 네가 그림 그리는 걸 벌써 봤지. 정말 집중해서 그리더라. 사라: 맞아요. 내가 그린 것 좀 보세요. 엄마: 어디 보자. 나보다 훨씬 잘 그렸네. 사라: 그래요! 엄마: 이거 달팽이지? 사라: 예! 엄마: 여기 입에서 나온 건 뭐니? 사라: 송곳니요! 엄마: 아이고! 무서운 달팽이구나. 사라: 맞아요! 뱀파이어 달팽이에요. 엄마: 아이고 무서워라! 사라: 여기 날아다니는 굼벵이도 있어요. 엄마: 정말이네. 날개도 있고! 사라: 그럼요! 날아가려면 당연하지요! 엄마: 정말 멋있다. 나한테 선물할래? 침대에 놓아두게. 좀 무서울 것 같긴 하지만. 사라: 좋아요!!! 또 다른 걸 그려줄게요.

연결성을 키워주세요

창의적인 사람들의 큰 특징 중의 하나는 보통 사람들 눈에는 전혀 연결시킬 수 없을 것 같은 생각들을 연결시킨다는 것이다. 마릴린 먼로의 사진에 유행하던 색깔을 덧씌우는 것, 잘게 다진 고기와 빵조각을 합쳐서 햄버거를 만든 것, 승객을 운송하는 비행기에 엔진을 하나 더해서 두 개를 장착한 것 등은 '결합의 적중'을 보여준 사례들이다.

아이들은 매일 결합시키기 어려운 수백 가지도 넘는 엉뚱한 생각을 한다. 때로는 우리 부모들이 바로잡아주는 것이 필요한 경우도 있다. 적당한 욕을 찾던 아이는 '고릴라 기저귀' '뚱볼 아저씨' '이투성이 풍뎅이' 같은 말을 지어내기도 한다. 이럴 때 어떤 부모들은 서둘러 아이의 말을 바로잡으려 든다. 그런 말을 하면 안 된다거나, 풍뎅이는 머리카락이 없기 때문에 이가 있을 수 없다고 설명한다.

방금 송곳니가 난 달팽이의 사례에서 보았듯이 아이들의 아이디어는 정말 독창적이어서 어른들 눈에는 진정한 가치가 보이지 않는 경우가 많다. 아이의 세계를 즐길 수 있어야 한다. 뿐만 아니라, 오히려 아이와 함께 서로 거리가 먼 사물들을 연결해보라고 하고 싶다. 만일 딸이 줄무늬 비옷을 입었다면, '줄무늬를 가진 것이 무엇이 있을까'하는 질문을 던질 수도 있다. 아마 딸아이는 얼룩말, 횡단보도, 세일러복, 죄수복을 이야기할 것이다. 그럴 때 '어흥'소리를 내준다면 아이는 얼른 호랑이의 줄무늬를 찾아 연결할 것이다. 당신에게는 좀 바보 같은 놀이일지 모르지만, 비옷의 줄무늬에서 얼룩말이나 세일러복으로 넘어가는 능력이야말로 창의적이고 총명한 사람들의 중요한 특징이다.

기억합시다

창의력은 삶에서 중요한 능력이다. 창의력에 관한 한 아이들이 진정한 의미에서 대가이다. 아이가 창의력을 유지할 수 있도록 도와주어야 한다. 꽉 짜인 시간을 줄이고 텔레비전에서 떼어놓자. 반대로 아이가 무료함을 느낄 수 있는 시간을 만들고, 상상력을 발휘해 즐겁게 보낼 수 있는 새로운 방법을 스스로 개발하게 하자. 이를 강화해줄 수 있어야 하고, 부모 스스로가 창의적인 활동의 모범이 되어야 한다. 아이에게 상상력을 발휘할 수 있는 공간과 시간, 도구를 주어야 한다. 그러나 방향을 정해주거나 결과를 가지고 평가하는 것은 피하고, 창의적인 순간을 존중한다. 절대 잊지 말아야 할 것은 상상력이 아이를 꿈의 나라로 데려갈 수 있다는 사실.

22
6세 미만의 아이들을 위한 최고의 애플리케이션

우리 아이들도 언젠가는 컴퓨터를 갖게 될 날이 오겠죠.
하지만 그때까지는 책을 가까이해야 합니다.

빌 게이츠

작별인사

많은 독자들이 아무것도 없는 앞 장을 보고 좀 놀란 것 같습니다. 인쇄가 잘못된 건지, 의도적으로 디지털 기기에 대한 부정적인 평가를 담아놓은 건지 묻는 편지가 수십 통이나 출판사로 날아들었습니다. 사실 이 책이 100만 부나 팔리는 동안 나는 몇 판째 보완을 계속하면서도 앞 장만은 계속해서 백지로 놔둘 것을 주장했지요. 이미 몇 번 설명했듯이 지나친 디지털 기기의 사용은 성장에 훨씬 더 유용한 다양한 형태의 활동에 관심을 잃게 만들 수 있어서 그런 것입니다. 한 걸음 더 나아가 모니터 앞에서 많은 시간을 보내는 아이는 주의력결핍과 과잉행동 장애로 발전할 가능성이 큽니다. 기기에 중독될 수도 있고 어쩌면 의존적인 성향까지도 될 수 있다는 것이 여러 연구를 통해 밝혀졌고요. 그러나 이미 우리 삶의 일부가 되었기에 완전히 단절할 수는 없겠지요. 따라서 내 생각으로는 일정 단계를 밟아가며 아이의 손에 도달하게 하는 것이 낫다고 봅니다. 다시 말해 여섯 살 정도가 되면 아이의 뇌도 감성적인 미적 감각과 자기통제력을 개발하게 되는데, 최소한 이 정도 나이가 된 뒤부터 제한적 사용을 허락하는 것이 바람직하다고 봅니다.

이 점까지 해명했으니, 이제 책의 마지막에 왔다고 할 수 있겠네요. 아이에 대해 이야기하는 것은 언제나 큰 즐거움이자, 우리 내면에 숨어 있는 아이와의 연결고리를 찾는 기회입니다. 이 책에서 읽은 모든 것을 가치와 상식으로 내면화할 수 있길 바랍니다.

성공적인 교육의 가장 중요한 열쇠는 지나치게 폐쇄적인 방법론이나 원칙은 던져버리고, 이 순간을 진실되게 살아가는 데 있습니다. 가장 위대한 부모, 가장 위대한 교육자는 언제나 꽉 막힌 방법론에 집착하거나 규범에 맹신적으로 얽매이는 사람이 아닙니다. 매 순간 아이의 진정한 욕구가 무엇인지 알아내려 하고, 매일 우리에게 주어지는 교육의 기회를 포착할 줄 아는 사람입니다. 실제 사례를 얼마든지 찾아볼 수 있습니다. 잠자리에 들기 전에 즐거운 마음으로 독서에 대한 사랑을 일깨워주는 것이 얼마나 중요한지 이야기했지요. 어떤 날은 책을 읽기엔 너무 지쳐 있는 경우도 있을 수 있습니다. 그런데도 아이가 끈질기게 읽어달라고 조른다면, 너무 피곤하다는 것을 아이에게 진심으로 이야기하면 됩니다. 당신의 명확한 태도와 답은 아이에게 오히려 어떤 자세가 바람직한가를 보여주는 좋은 모델이 되니까요. 공감 능력을 키우는 데도 도움이 되겠지요.

아이들은 우리의 행동 하나하나를 지켜보고 있습니다. 그러므로 부모가 타인과 관계를 맺는 능력은 아이의 발전에 영향을 미칠 수밖에 없습니다. 서로를 존중하고, 지지하고, 평가하면서 배우자와 좋은 관계를 보여주는 부모는, 그리고 좌절을 잘 극복해내고 스트레스를 잘 통제하는 세련된 능력을 보여주는 부모는,

아이의 지적이고 감성적인 발전에 좋은 영향을 주는 것입니다.

부모와 자녀가 충분히 대화를 하는 것, 인내심과 자제력을 기르는 것, 감정지능을 키우는 것이야말로 가치 있고 의미 있는 전략이라는 것을 신경과학은 확실하게 증명하고 있습니다. 공감을 활용하는 것, 높은 수준의 감정 경험을 통합할 수 있도록 도와주는 것, 결정의 순간에 이성뿐만 아니라 감정의 목소리도 들을 수 있도록 교육시키는 것, 필요할 때 전두엽이 자기 자신을 통제할 수 있도록 훈련시키는 것 등은 감정지능과 이성지능 사이의 대화를 풍성하게 해줄 것입니다. 이러한 대화가 물 흐르듯이 흘러 균형을 잡을 때, 진정한 의미에서 인간적으로 성숙하는 것입니다.

우리는 이 모든 것을 함께 돌아보았습니다. 그리고 이제 마지막 순간에 왔습니다. 함께 할 수 있었던 것에 대해 진심으로 감사드립니다. 나는 이 책을 통해 세 아이의 아버지로서, 신경과학자로서, 그리고 심리상담사로서 얻었던 모든 지식과 경험을 구체화하고 싶었습니다. 물론 나도 배운 것이고, 나보다 훨씬 더 많이 연구를 한 사람들로부터 전수받은 지식입니다. 한편으로는 아내가 전해준 직관적인 지식과 경험도 많이 반영되었습니다. 아이들 교육에서 놀이, 애정, 관용, 육체적인 접촉의 가치를 구체화한 것이 그것입니다. 이 책의 절반은 아내의 몫입니다. 이 책에서 이야기한 모든 것은 매일매일 아이들을 대하는 나의 행동 방식에 기초하고 있습니다. 즉 내 모든 꿈과 희망을 오롯이 담아놓았다는 것을 확실하게 밝힐 수 있습니다. 그런데도 여전히 이 정도에 머무르고 있지만요…. 몇 판째 수정 보완하고 여러 언어권에서 출간되었지만, 사실 이 정도로 세계 각지의 수많은 가족들을 만날 수 있으리라고는 꿈에도 생각하지 않았습니다. 모든 독자 분들에게 감사의 말씀을 전합니다. 좋은 부모가 되기 위해 애쓰시는 모든 부모들에게 존경과 격려를 보냅니다. 옆 사람에게 이 책을 빌려주고, 선물하고, 추천해준 모든 분께 감사 말씀 드립니다. 책을 산 서점 홈페이지에 의견을 남겨준 분들께도 고맙다는 말을 전합니다. 여러분의 후한 평가 덕분에 제가 전하고자 했던 메시지가 더 많은 사람들에게 다가갈 수 있었습니다.

다시 한 번 당신과 내면의 아이가 하나로 연결될 수 있는 날이 오길 빌면서 이제 그만 작별을 고합니다. 아이의 뇌는 어른들과는 다른 방식으로 인식하고 학습하게끔 프로그램되었다는 것, 명심하십시오. 그리고 아이들 성장에 긍정적인 영향을 줄 수 있는 가장 좋은 방법은 직접 아이의 세계로 들어가 아이 눈높이에서 아이와 함께 놀고, 놀고, 또 노는 것입니다. 아이와의 놀이를 당신도 즐길 수 있길 빕니다. 부디.

뇌 과학자 아빠의 기발한 육아 전략

세 살 네 살 넛지 육아

초판 1쇄 인쇄 2022년 6월 15일
초판 1쇄 발행 2022년 6월 20일

지은이   알바로 빌바오
옮긴이   남진희
펴낸이   이승민

펴낸곳   천문장
전화   031-913-0650
팩스   02-6455-0285
이메일   zakyahoo@naver.com

ISBN   979-11-90872-40-9   13180